PERSAN

VOCABULAIRE

FRANÇAIS
PERSAN

Les mots les plus utiles
Pour enrichir votre vocabulaire et aiguiser
vos compétences linguistiques

3000 mots

Vocabulaire Français-Persan pour l'autoformation - 3000 mots
Dictionnaire thématique

Par Andrey Taranov

Les dictionnaires T&P Books ont pour but de vous aider à apprendre, à mémoriser et à réviser votre vocabulaire en langue étrangère. Ce dictionnaire thématique couvre tous les grands domaines du quotidien: l'économie, les sciences, la culture, etc ...

Acquérir du vocabulaire avec les dictionnaires thématiques T&P Books vous offre les avantages suivants:

- Les données d'origine sont regroupées de manière cohérente, ce qui vous permet une mémorisation lexicale optimale
- La présentation conjointe de mots ayant la même racine vous permet de mémoriser des groupes sémantiques entiers (plutôt que des mots isolés)
- Les sous-groupes sémantiques vous permettent d'associer les mots entre eux de manière logique, ce qui facilite votre consolidation du vocabulaire
- Votre maîtrise de la langue peut être évaluée en fonction du nombre de mots acquis

T&P Books Publishing
www.tpbooks.com

ISBN: 978-1-78716-800-8

Ce livre existe également en format électronique.
Pour plus d'informations, veuillez consulter notre site: www.tpbooks.com ou rendez-vous sur ceux des grandes librairies en ligne.

VOCABULAIRE PERSAN POUR L'AUTOFORMATION
Dictionnaire thématique

Les dictionnaires T&P Books ont pour but de vous aider à apprendre, à mémoriser et à réviser votre vocabulaire en langue étrangère. Ce lexique présente, de façon thématique, plus de 3000 mots les plus fréquents de la langue.

- Ce livre comporte les mots les plus couramment utilisés
- Son usage est recommandé en complément de l'étude de toute autre méthode de langue
- Il répond à la fois aux besoins des débutants et à ceux des étudiants en langues étrangères de niveau avancé
- Il est idéal pour un usage quotidien, des séances de révision ponctuelles et des tests d'auto-évaluation
- Il vous permet de tester votre niveau de vocabulaire

Spécificités de ce dictionnaire thématique:

- Les mots sont présentés de manière sémantique, et non alphabétique
- Ils sont répartis en trois colonnes pour faciliter la révision et l'auto-évaluation
- Les groupes sémantiques sont divisés en sous-groupes pour favoriser l'apprentissage
- Ce lexique donne une transcription simple et pratique de chaque mot en langue étrangère

Ce dictionnaire comporte 101 thèmes, dont:

les notions fondamentales, les nombres, les couleurs, les mois et les saisons, les unités de mesure, les vêtements et les accessoires, les aliments et la nutrition, le restaurant, la famille et les liens de parenté, le caractère et la personnalité, les sentiments et les émotions, les maladies, la ville et la cité, le tourisme, le shopping, l'argent, la maison, le foyer, le bureau, la vie de bureau, l'import-export, le marketing, la recherche d'emploi, les sports, l'éducation, l'informatique, l'Internet, les outils, la nature, les différents pays du monde, les nationalités, et bien d'autres encore …

TABLE DES MATIÈRES

GUIDE DE PRONONCIATION

Alphabet phonétique T&P	Exemple en persan	Exemple en français
['] (ayn)	دعوا [da'vā]	consonne fricative pharyngale voisée
['] (hamza)	تایید [ta'id]	coup de glotte
[a]	رود [ravad]	classe
[ā]	آتش [ātaš]	camarade
[b]	بانک [bānk]	bureau
[č]	چند [čand]	match
[d]	هشتاد [haštād]	document
[e]	عشق [ešq]	équipe
[f]	فندک [fandak]	formule
[g]	لوگو [logo]	gris
[h]	گیاه [giyāh]	[h] aspiré
[i]	جزیره [jazire]	stylo
[j]	جشن [jašn]	adjoint
[k]	کاج [kāj]	bocal
[l]	لیمو [limu]	vélo
[m]	ماجرا [mājarā]	minéral
[n]	نروژ [norvež]	ananas
[o]	گلف [golf]	normal
[p]	اپرا [operā]	panama
[q]	لاغر [lāqar]	g espagnol - amigo, magnífico
[r]	رقم [raqam]	racine, rouge
[s]	سوپ [sup]	syndicat
[š]	دوش [duš]	chariot
[t]	ترجمه [tarjome]	tennis
[u]	نیرو [niru]	boulevard
[v]	ورشو [varšow]	rivière
[w]	روشن [rowšan]	iguane
[x]	کاخ [kāx]	scots - nicht, allemand - Dach
[y]	بیابان [biyābān]	maillot
[z]	زنجیر [zanjir]	gazeuse
[ž]	ژوئن [žuan]	jeunesse

ABRÉVIATIONS
employées dans ce livre

Abréviations en français

adj	-	adjective
adv	-	adverbe
anim.	-	animé
conj	-	conjonction
dénombr.	-	dénombrable
etc.	-	et cetera
f	-	nom féminin
f pl	-	féminin pluriel
fam.	-	familiar
fem.	-	féminin
form.	-	formal
inanim.	-	inanimé
indénombr.	-	indénombrable
m	-	nom masculin
m pl	-	masculin pluriel
m, f	-	masculin, féminin
masc.	-	masculin
math	-	mathematics
mil.	-	militaire
pl	-	pluriel
prep	-	préposition
pron	-	pronom
qch	-	quelque chose
qn	-	quelqu'un
sing.	-	singulier
v aux	-	verbe auxiliaire
v imp	-	verbe impersonnel
vi	-	verbe intransitif
vi, vt	-	verbe intransitif, transitif
vp	-	verbe pronominal
vt	-	verbe transitif

CONCEPTS DE BASE

1. Les pronoms

je	man	من
tu	to	تو
il, elle, ça	u	او
nous	mā	ما
vous	šomā	شما
ils, elles	ān-hā	آنها

2. Adresser des vœux. Se dire bonjour

Bonjour! (form.)	salām	سلام
Bonjour! (le matin)	sobh bexeyr	صبح بخير
Bonjour! (après-midi)	ruz bexeyr!	روز بخير!
Bonsoir!	asr bexeyr	عصربخير
dire bonjour	salām kardan	سلام كردن
Salut!	salām	سلام
salut (m)	salām	سلام
saluer (vt)	salām kardan	سلام كردن
Comment allez-vous?	haletān četowr ast?	حالتان چطور است؟
Comment ça va?	četorid?	چطوريد؟
Quoi de neuf?	če xabar?	چه خبر؟
Au revoir! (form.)	xodāhāfez	خداحافظ
Au revoir! (fam.)	bāy bāy	باى باى
À bientôt!	be omid-e didār!	به اميد ديدار!
Adieu!	xodāhāfez!	خداحافظ!
dire au revoir	xodāhāfezi kardan	خداحافظى كردن
Salut! (À bientôt!)	tā bezudi!	تا بزودى!
Merci!	motešakker-am!	متشكرم!
Merci beaucoup!	besyār motešakker-am!	بسيار متشكرم!
Je vous en prie	xāheš mikonam	خواهش مى كنم
Il n'y a pas de quoi	tašakkor lāzem nist	تشكر لازم نيست
Pas de quoi	qābel-i nadārad	قابلى ندارد
Excuse-moi!	bebaxšid!	ببخشيد!
excuser (vt)	baxšidan	بخشيدن
s'excuser (vp)	ozr xāstan	عذر خواستن
Mes excuses	ozr mixāham	عذرى خواهم
Pardonnez-moi!	bebaxšid!	ببخشيد!
pardonner (vt)	baxšidan	بخشيدن
C'est pas grave	mohem nist	مهم نيست

s'il vous plaît	lotfan	لطفأ
N'oubliez pas!	farāmuš nakonid!	فراموش نکنید!
Bien sûr!	albate!	البته!
Bien sûr que non!	albate ke neh!	البته که نه!
D'accord!	besyār xob!	بسیارخوب!
Ça suffit!	bas ast!	بس است!

3. Les questions

Qui?	če kas-i?	چه کسی؟
Quoi?	če čiz-i?	چه چیزی؟
Où? (~ es-tu?)	kojā?	کجا؟
Où? (~ vas-tu?)	kojā?	کجا؟
D'où?	az kojā?	از کجا؟
Quand?	če vaqt?	چه وقت؟
Pourquoi? (~ es-tu venu?)	čerā?	چرا؟
Pourquoi? (~ t'es pâle?)	čerā?	چرا؟
À quoi bon?	barā-ye če?	برای چه؟
Comment?	četor?	چطور؟
Quel? (à ~ prix?)	kodām?	کدام؟
Lequel?	kodām?	کدام؟
À qui? (pour qui?)	barā-ye ki?	برای کی؟
De qui?	dar bāre-ye ki?	درباره کی؟
De quoi?	darbāre-ye či?	درباره چی؟
Avec qui?	bā ki?	با کی؟
Combien?	čeqadr?	چقدر؟
À qui?	māl-e ki?	مال کی؟

4. Les prépositions

avec (~ toi)	bā	با
sans (~ sucre)	bedune	بدون
à (aller ~ ...)	be	به
de (au sujet de)	rāje' be	راجع به
avant (~ midi)	piš az	پیش از
devant (~ la maison)	dar moqābel	در مقابل
sous (~ la commode)	zir	زیر
au-dessus de ...	bālā-ye	بالای
sur (dessus)	ruy	روی
de (venir ~ Paris)	az	از
en (en bois, etc.)	az	از
dans (~ deux heures)	tā	تا
par dessus	az bālāye	از بالای

5. Les mots-outils. Les adverbes. Partie 1

Où? (~ es-tu?)	kojā?	کجا؟
ici (c'est ~)	in jā	این جا
là-bas (c'est ~)	ānjā	آنجا
quelque part (être)	jā-yi	جایی
nulle part (adv)	hič kojā	هیچ کجا
près de ...	nazdik	نزدیک
près de la fenêtre	nazdik panjere	نزدیک پنجره
Où? (~ vas-tu?)	kojā?	کجا؟
ici (Venez ~)	in jā	این جا
là-bas (j'irai ~)	ānjā	آنجا
d'ici (adv)	az injā	از اینجا
de là-bas (adv)	az ānjā	از آنجا
près (pas loin)	nazdik	نزدیک
loin (adv)	dur	دور
près de (~ Paris)	nazdik	نزدیک
tout près (adv)	nazdik	نزدیک
pas loin (adv)	nazdik	نزدیک
gauche (adj)	čap	چپ
à gauche (être ~)	dast-e čap	دست چپ
à gauche (tournez ~)	be čap	به چپ
droit (adj)	rāst	راست
à droite (être ~)	dast-e rāst	دست راست
à droite (tournez ~)	be rāst	به راست
devant (adv)	jelo	جلو
de devant (adj)	jelo	جلو
en avant (adv)	jelo	جلو
derrière (adv)	aqab	عقب
par derrière (adv)	az aqab	از عقب
en arrière (regarder ~)	aqab	عقب
milieu (m)	vasat	وسط
au milieu (adv)	dar vasat	در وسط
de côté (vue ~)	pahlu	پهلو
partout (adv)	hame jā	همه جا
autour (adv)	atrāf	اطراف
de l'intérieur	az daxel	از داخل
quelque part (aller)	jā-yi	جایی
tout droit (adv)	mostaqim	مستقیم
en arrière (revenir ~)	aqab	عقب
de quelque part (n'import d'où)	az har jā	از هر جا
de quelque part (on ne sait pas d'où)	az yek jā-yi	از یک جایی

premièrement (adv)	avvalan	اولاً
deuxièmement (adv)	dumā	دوما
troisièmement (adv)	sālesan	ثالثاً

soudain (adv)	nāgahān	ناگهان
au début (adv)	dar avval	در اول
pour la première fois	barā-ye avvalin bār	برای اولین بار
bien avant …	xeyli vaqt piš	خیلی وقت پیش
de nouveau (adv)	az now	از نو
pour toujours (adv)	barā-ye hamiše	برای همیشه

jamais (adv)	hič vaqt	هیچ وقت
de nouveau, encore (adv)	dobāre	دوباره
maintenant (adv)	alān	الان
souvent (adv)	aqlab	اغلب
alors (adv)	ān vaqt	آن وقت
d'urgence (adv)	foran	فوراً
d'habitude (adv)	ma'mulan	معمولاً

à propos, …	rāst-i	راستی
c'est possible	momken ast	ممکن است
probablement (adv)	ehtemālan	احتمالاً
peut-être (adv)	šāyad	شاید
en plus, …	bealāve	بعلاوه
c'est pourquoi …	be hamin xāter	به همین خاطر
malgré …	alāraqm	علیرغم
grâce à …	be lotf	به لطف

quoi (pron)	če?	چه؟
que (conj)	ke	که
quelque chose (Il m'est arrivé ~)	yek čiz-i	یک چیزی
quelque chose (peut-on faire ~)	yek kāri	یک کاری
rien (m)	hič čiz	هیچ چیز

qui (pron)	ki	کی
quelqu'un (on ne sait pas qui)	yek kas-i	یک کسی
quelqu'un (n'importe qui)	yek kas-i	یک کسی

personne (pron)	hič kas	هیچ کس
nulle part (aller ~)	hič kojā	هیچ کجا
de personne	māl-e hičkas	مال هیچ کس
de n'importe qui	har kas-i	هر کسی

comme ça (adv)	xeyli	خیلی
également (adv)	ham	هم
aussi (adv)	ham	هم

6. Les mots-outils. Les adverbes. Partie 2

Pourquoi?	čerā?	چرا؟
pour une certaine raison	be dalil-i	به دلیلی
parce que …	čon	چون

pour une raison quelconque	barã-ye maqsudi	برای مقصودی
et (conj)	va	و
ou (conj)	yā	یا
mais (conj)	ammā	اما
pour ... (prep)	barã-ye	برای
trop (adv)	besyār	بسیار
seulement (adv)	faqat	فقط
précisément (adv)	daqiqan	دقیقا
près de ... (prep)	taqriban	تقریباً
approximativement	taqriban	تقریباً
approximatif (adj)	taqribi	تقریبی
presque (adv)	taqriban	تقریباً
reste (m)	baqiye	بقیه
l'autre (adj)	digar	دیگر
autre (adj)	digar	دیگر
chaque (adj)	har	هر
n'importe quel (adj)	har	هر
beaucoup (adv)	ziyād	زیاد
plusieurs (pron)	besyāri	بسیاری
tous	hame	همه
en échange de ...	dar avaz	در عوض
en échange (adv)	dar barābar	در برابر
à la main (adv)	dasti	دستی
peu probable (adj)	baid ast	بعید است
probablement (adv)	ehtemālan	احتمالاً
exprès (adv)	amdan	عمداً
par accident (adv)	tasādofi	تصادفی
très (adv)	besyār	بسیار
par exemple (adv)	masalan	مثلاً
entre (prep)	beyn	بین
parmi (prep)	miyān	میان
autant (adv)	in qadr	این قدر
surtout (adv)	maxsusan	مخصوصاً

NOMBRES. DIVERS

7. Les nombres cardinaux. Partie 1

zéro	sefr	صفر
un	yek	یک
deux	do	دو
trois	se	سه
quatre	čāhār	چهار
cinq	panj	پنج
six	šeš	شش
sept	haft	هفت
huit	hašt	هشت
neuf	neh	نه
dix	dah	ده
onze	yāzdah	یازده
douze	davāzdah	دوازده
treize	sizdah	سیزده
quatorze	čāhārdah	چهارده
quinze	pānzdah	پانزده
seize	šānzdah	شانزده
dix-sept	hefdah	هفده
dix-huit	hijdah	هیجده
dix-neuf	nuzdah	نوزده
vingt	bist	بیست
vingt et un	bist-o yek	بیست ویک
vingt-deux	bist-o do	بیست ودو
vingt-trois	bist-o se	بیست وسه
trente	si	سی
trente et un	si-yo yek	سی ویک
trente-deux	si-yo do	سی ودو
trente-trois	si-yo se	سی وسه
quarante	čehel	چهل
quarante et un	čehel-o yek	چهل ویک
quarante-deux	čehel-o do	چهل ودو
quarante-trois	čehel-o se	چهل وسه
cinquante	panjāh	پنجاه
cinquante et un	panjāh-o yek	پنجاه ویک
cinquante-deux	panjāh-o do	پنجاه ودو
cinquante-trois	panjāh-o se	پنجاه وسه
soixante	šast	شصت
soixante et un	šast-o yek	شصت ویک

soixante-deux	šast-o do	شصت ودو
soixante-trois	šast-o se	شصت وسه
soixante-dix	haftād	هفتاد
soixante et onze	haftād-o yek	هفتاد ویک
soixante-douze	haftād-o do	هفتاد ودو
soixante-treize	haftād-o se	هفتاد وسه
quatre-vingts	haštād	هشتاد
quatre-vingt et un	haštād-o yek	هشتاد ویک
quatre-vingt deux	haštād-o do	هشتاد ودو
quatre-vingt trois	haštād-o se	هشتاد وسه
quatre-vingt-dix	navad	نود
quatre-vingt et onze	navad-o yek	نود ویک
quatre-vingt-douze	navad-o do	نود ودو
quatre-vingt-treize	navad-o se	نود وسه

8. Les nombres cardinaux. Partie 2

cent	sad	صد
deux cents	devist	دویست
trois cents	sisad	سیصد
quatre cents	čāhārsad	چهارصد
cinq cents	pānsad	پانصد
six cents	šešsad	ششصد
sept cents	haftsad	هفتصد
huit cents	haštsad	هشتصد
neuf cents	nohsad	نهصد
mille	hezār	هزار
deux mille	dohezār	دوهزار
trois mille	se hezār	سه هزار
dix mille	dah hezār	ده هزار
cent mille	sad hezār	صد هزار
million (m)	milyun	میلیون
milliard (m)	milyārd	میلیارد

9. Les nombres ordinaux

premier (adj)	avvalin	اولین
deuxième (adj)	dovvomin	دومین
troisième (adj)	sevvomin	سومین
quatrième (adj)	čāhāromin	چهارمین
cinquième (adj)	panjomin	پنجمین
sixième (adj)	šešomin	ششمین
septième (adj)	haftomin	هفتمین
huitième (adj)	haštomin	هشتمین
neuvième (adj)	nohomin	نهمین
dixième (adj)	dahomin	دهمین

LES COULEURS. LES UNITÉS DE MESURE

10. Les couleurs

couleur (f)	rang	رنگ
teinte (f)	teyf-e rang	طیف رنگ
ton (m)	rangmaye	رنگمایه
arc-en-ciel (m)	rangin kamān	رنگین کمان
blanc (adj)	sefid	سفید
noir (adj)	siyāh	سیاه
gris (adj)	xākestari	خاکستری
vert (adj)	sabz	سبز
jaune (adj)	zard	زرد
rouge (adj)	sorx	سرخ
bleu (adj)	abi	آبی
bleu clair (adj)	ābi rowšan	آبی روشن
rose (adj)	surati	صورتی
orange (adj)	nārenji	نارنجی
violet (adj)	banafš	بنفش
brun (adj)	qahve i	قهوه ای
d'or (adj)	talāyi	طلایی
argenté (adj)	noqre i	نقره ای
beige (adj)	baž	بژ
crème (adj)	kerem	کرم
turquoise (adj)	firuze i	فیروزه ای
rouge cerise (adj)	ālbāluyi	آلبالویی
lilas (adj)	banafš yasi	بنفش یاسی
framboise (adj)	zereški	زرشکی
clair (adj)	rowšan	روشن
foncé (adj)	tire	تیره
vif (adj)	rowšan	روشن
de couleur (adj)	rangi	رنگی
en couleurs (adj)	rangi	رنگی
noir et blanc (adj)	siyāh-o sefid	سیاه و سفید
unicolore (adj)	yek rang	یک رنگ
multicolore (adj)	rangārang	رنگارنگ

11. Les unités de mesure

poids (m)	vazn	وزن
longueur (f)	tul	طول

largeur (f)	arz	عرض
hauteur (f)	ertefā'	ارتفاع
profondeur (f)	omq	عمق
volume (m)	hajm	حجم
aire (f)	masāhat	مساحت

gramme (m)	garm	گرم
milligramme (m)	mili geram	میلی گرم
kilogramme (m)	kilugeram	کیلوگرم
tonne (f)	ton	تن
livre (f)	pond	پوند
once (f)	ons	اونس

mètre (m)	metr	متر
millimètre (m)	mili metr	میلی متر
centimètre (m)	sāntimetr	سانتیمتر
kilomètre (m)	kilumetr	کیلومتر
mille (m)	māyel	مایل

pouce (m)	inč	اینچ
pied (m)	fowt	فوت
yard (m)	yārd	یارد

| mètre (m) carré | metr morabba' | متر مریع |
| hectare (m) | hektār | هکتار |

litre (m)	litr	لیتر
degré (m)	daraje	درجه
volt (m)	volt	ولت
ampère (m)	āmper	آمپر
cheval-vapeur (m)	asb-e boxār	اسب بخار

quantité (f)	meqdār	مقدار
un peu de ...	kami	کمی
moitié (f)	nim	نیم
douzaine (f)	dojin	دوجین
pièce (f)	tā	تا

| dimension (f) | andāze | اندازه |
| échelle (f) (de la carte) | meqyās | مقیاس |

minimal (adj)	haddeaqal	حداقل
le plus petit (adj)	kučaktarin	کوچکترین
moyen (adj)	motevasset	متوسط
maximal (adj)	haddeaksar	حداکثر
le plus grand (adj)	bištarin	بیشترین

12. Les récipients

bocal (m) en verre	šišeh konserv	شیشه کنسرو
boîte, canette (f)	quti	قوطی
seau (m)	satl	سطل
tonneau (m)	boške	بشکه
bassine, cuvette (f)	tašt	تشت

cuve (f)	maxzan	مخزن
flasque (f)	qomqome	قمقمه
jerrican (m)	dabbe	دبه
citerne (f)	maxzan	مخزن

tasse (f), mug (m)	livān	لیوان
tasse (f)	fenjān	فنجان
soucoupe (f)	na'lbeki	نعلبکی
verre (m) (~ d'eau)	estekān	استکان
verre (m) à vin	gilās-e šarāb	گیلاس شراب
faitout (m)	qāblame	قابلمه

bouteille (f)	botri	بطری
goulot (m)	gardan-e botri	گردن بطری

carafe (f)	tong	تنگ
pichet (m)	pārč	پارچ
récipient (m)	zarf	ظرف
pot (m)	sofāl	سفال
vase (m)	goldān	گلدان

flacon (m)	botri	بطری
fiole (f)	viyāl	ویال
tube (m)	tiyub	تیوب

sac (m) (grand ~)	kise	کیسه
sac (m) (~ en plastique)	pākat	پاکت
paquet (m) (~ de cigarettes)	baste	بسته

boîte (f)	ja'be	جعبه
caisse (f)	sanduq	صندوق
panier (m)	sabad	سبد

LES VERBES LES PLUS IMPORTANTS

13. Les verbes les plus importants. Partie 1

aider (vt)	komak kardan	کمک کردن
aimer (qn)	dust dāštan	دوست داشتن
aller (à pied)	raftan	رفتن
apercevoir (vt)	motevajjeh šodan	متوجه شدن
appartenir à ...	ta'alloq dāštan	تعلق داشتن
appeler (au secours)	komak xāstan	کمک خواستن
attendre (vt)	montazer budan	منتظر بودن
attraper (vt)	gereftan	گرفتن
avertir (vt)	hošdār dādan	هشدار دادن
avoir (vt)	dāštan	داشتن
avoir confiance	etminān kardan	اطمینان کردن
avoir faim	gorosne budan	گرسنه بودن
avoir peur	tarsidan	ترسیدن
avoir soif	tešne budan	تشنه بودن
cacher (vt)	penhān kardan	پنهان کردن
casser (briser)	šekastan	شکستن
cesser (vt)	bas kardan	بس کردن
changer (vt)	avaz kardan	عوض کردن
chasser (animaux)	šekār kardan	شکار کردن
chercher (vt)	jostoju kardan	جستجو کردن
choisir (vt)	entexāb kardan	انتخاب کردن
commander (~ le menu)	sefāreš dādan	سفارش دادن
commencer (vt)	šoru' kardan	شروع کردن
comparer (vt)	moqāyse kardan	مقایسه کردن
comprendre (vt)	fahmidan	فهمیدن
compter (dénombrer)	šemordan	شمردن
compter sur ...	hesāb kardan	حساب کردن
confondre (vt)	qāti kardan	قاطی کردن
connaître (qn)	šenāxtan	شناختن
conseiller (vt)	nasihat kardan	نصیحت کردن
continuer (vt)	edāme dādan	ادامه دادن
contrôler (vt)	kontorol kardan	کنترل کردن
courir (vi)	davidan	دویدن
coûter (vt)	qeymat dāštan	قیمت داشتن
créer (vt)	ijād kardan	ایجاد کردن
creuser (vt)	kandan	کندن
crier (vi)	faryād zadan	فریاد زدن

14. Les verbes les plus importants. Partie 2

décorer (~ la maison)	tazyin kardan	تزیین کردن
défendre (vt)	defâ' kardan	دفاع کردن
déjeuner (vi)	nâhâr xordan	ناهار خوردن
demander (~ l'heure)	porsidan	پرسیدن
demander (de faire qch)	xâstan	خواستن
descendre (vi)	pâyin âmadan	پایین آمدن
deviner (vt)	hads zadan	حدس زدن
dîner (vi)	šâm xordan	شام خوردن
dire (vt)	goftan	گفتن
diriger (~ une usine)	edâre kardan	اداره کردن
discuter (vt)	bahs kardan	بحث کردن
donner (vt)	dâdan	دادن
donner un indice	sarnax dâdan	سرنخ دادن
douter (vt)	šok dâštan	شک داشتن
écrire (vt)	nevaštan	نوشتن
entendre (bruit, etc.)	šenidan	شنیدن
entrer (vi)	vâred šodan	وارد شدن
envoyer (vt)	ferestâdan	فرستادن
espérer (vi)	omid dâštan	امید داشتن
essayer (vt)	talâš kardan	تلاش کردن
être (vi)	budan	بودن
être d'accord	movâfeqat kardan	موافقت کردن
être nécessaire	hâmi budan	حامی بودن
être pressé	ajale kardan	عجله کردن
étudier (vt)	dars xândan	درس خواندن
excuser (vt)	baxšidan	بخشیدن
exiger (vt)	darxâst kardan	درخواست کردن
exister (vi)	vojud dâštan	وجود داشتن
expliquer (vt)	touzih dâdan	توضیح دادن
faire (vt)	anjâm dâdan	انجام دادن
faire tomber	andâxtan	انداختن
finir (vt)	be pâyân resândan	به پایان رساندن
garder (conserver)	hefz kardan	حفظ کردن
gronder, réprimander (vt)	da'vâ kardan	دعوا کردن
informer (vt)	âgah kardan	آگاه کردن
insister (vi)	esrâr kardan	اصرار کردن
insulter (vt)	towhin kardan	توهین کردن
inviter (vt)	da'vat kardan	دعوت کردن
jouer (s'amuser)	bâzi kardan	بازی کردن

15. Les verbes les plus importants. Partie 3

libérer (ville, etc.)	âzâd kardan	آزاد کردن
lire (vi, vt)	xândan	خواندن

louer (prendre en location)	ejāre kardan	اجاره کردن
manquer (l'école)	qāyeb budan	غایب بودن
menacer (vt)	tahdid kardan	تهدید کردن
mentionner (vt)	zekr kardan	ذکر کردن
montrer (vt)	nešān dādan	نشان دادن
nager (vi)	šenā kardan	شنا کردن
objecter (vt)	moxalefat kardan	مخالفت کردن
observer (vt)	mošāhede kardan	مشاهده کردن
ordonner (mil.)	farmān dādan	فرمان دادن
oublier (vt)	farāmuš kardan	فراموش کردن
ouvrir (vt)	bāz kardan	باز کردن
pardonner (vt)	baxšidan	بخشیدن
parler (vi, vt)	harf zadan	حرف زدن
participer à …	šerekat kardan	شرکت کردن
payer (régler)	pardāxtan	پرداختن
penser (vi, vt)	fekr kardan ·	فکر کردن
permettre (vt)	ejāze dādan	اجازه دادن
plaire (être apprécié)	dust dāštan	دوست داشتن
plaisanter (vi)	šuxi kardan	شوخی کردن
planifier (vt)	barnāmerizi kardan	برنامه ریزی کردن
pleurer (vi)	gerye kardan	گریه کردن
posséder (vt)	sāheb budan	صاحب بودن
pouvoir (v aux)	tavānestan	توانستن
préférer (vt)	tarjih dādan	ترجیح دادن
prendre (vt)	bardāštan	برداشتن
prendre en note	nevēštan	نوشتن
prendre le petit déjeuner	sobhāne xordan	صبحانه خوردن
préparer (le dîner)	poxtan	پختن
prévoir (vt)	pišbini kardan	پیش بینی کردن
prier (~ Dieu)	do'ā kardan	دعا کردن
promettre (vt)	qowl dādan	قول دادن
prononcer (vt)	talaffoz kardan	تلفظ کردن
proposer (vt)	pišnahād dādan	پیشنهاد دادن
punir (vt)	tanbih kardan	تنبیه کردن

16. Les verbes les plus importants. Partie 4

recommander (vt)	towsie kardan	توصیه کردن
regretter (vt)	afsus xordan	افسوس خوردن
répéter (dire encore)	tekrār kardan	تکرار کردن
répondre (vi, vt)	javāb dādan	جواب دادن
réserver (une chambre)	rezerv kardan	رزرو کردن
rester silencieux	sāket māndan	ساکت ماندن
réunir (regrouper)	mottahed kardan	متحد کردن
rire (vi)	xandidan	خندیدن
s'arrêter (vp)	motevaghef šodan	متوقف شدن
s'asseoir (vp)	nešastan	نشستن

sauver (la vie à qn)	najāt dādan	نجات دادن
savoir (qch)	dānestan	دانستن
se baigner (vp)	ābtani kardan	آبتنی کردن
se plaindre (vp)	šekāyat kardan	شکایت کردن
se refuser (vp)	rad kardan	رد کردن
se tromper (vp)	eštebāh kardan	اشتباه کردن
se vanter (vp)	be rox kešidan	به رخ کشیدن
s'étonner (vp)	moteʻajjeb šodan	متعجب شدن
s'excuser (vp)	ozr xāstan	عذر خواستن
signer (vt)	emzā kardan	امضا کردن
signifier (vt)	maʻni dāštan	معنی داشتن
s'intéresser (vp)	alāqe dāštan	علاقه داشتن
sortir (aller dehors)	birun raftan	بیرون رفتن
sourire (vi)	labxand zadan	لبخند زدن
sous-estimer (vt)	dast-e kam gereftan	دست کم گرفتن
suivre … (suivez-moi)	donbāl kardan	دنبال کردن
tirer (vi)	tirandāzi kardan	تیراندازی کردن
tomber (vi)	oftādan	افتادن
toucher (avec les mains)	lams kardan	لمس کردن
tourner (~ à gauche)	pičidan	پیچیدن
traduire (vt)	tarjome kardan	ترجمه کردن
travailler (vi)	kār kardan	کار کردن
tromper (vt)	farib dādan	فریب دادن
trouver (vt)	peydā kardan	پیدا کردن
tuer (vt)	koštan	کشتن
vendre (vt)	foruxtan	فروختن
venir (vi)	residan	رسیدن
voir (vt)	didan	دیدن
voler (avion, oiseau)	parvāz kardan	پرواز کردن
voler (qch à qn)	dozdidan	دزدیدن
vouloir (vt)	xāstan	خواستن

LA NOTION DE TEMPS. LE CALENDRIER

17. Les jours de la semaine

lundi (m)	došanbe	دوشنبه
mardi (m)	se šanbe	سه شنبه
mercredi (m)	čāhāršanbe	چهارشنبه
jeudi (m)	panj šanbe	پنج شنبه
vendredi (m)	jom'e	جمعه
samedi (m)	šanbe	شنبه
dimanche (m)	yek šanbe	یک شنبه
aujourd'hui (adv)	emruz	امروز
demain (adv)	fardā	فردا
après-demain (adv)	pas fardā	پس فردا
hier (adv)	diruz	دیروز
avant-hier (adv)	pariruz	پریروز
jour (m)	ruz	روز
jour (m) ouvrable	ruz-e kāri	روز کاری
jour (m) férié	ruz-e jašn	روز جشن
jour (m) de repos	ruz-e ta'til	روز تعطیل
week-end (m)	āxar-e hafte	آخر هفته
toute la journée	tamām-e ruz	تمام روز
le lendemain	ruz-e ba'd	روز بعد
il y a 2 jours	do ruz-e piš	دو روز پیش
la veille	ruz-e qabl	روز قبل
quotidien (adj)	ruzāne	روزانه
tous les jours	har ruz	هر روز
semaine (f)	hafte	هفته
la semaine dernière	hafte-ye gozašte	هفته گذشته
la semaine prochaine	hafte-ye āyande	هفته آینده
hebdomadaire (adj)	haftegi	هفتگی
chaque semaine	har hafte	هر هفته
2 fois par semaine	do bār dar hafte	دو بار درهفته
tous les mardis	har sešanbe	هر سه شنبه

18. Les heures. Le jour et la nuit

matin (m)	sobh	صبح
le matin	sobh	صبح
midi (m)	zohr	ظهر
dans l'après-midi	ba'd az zohr	بعد ازظهر
soir (m)	asr	عصر
le soir	asr	عصر

nuit (f)	šab	شب
la nuit	šab	شب
minuit (f)	nesfe šab	نصفه شب
seconde (f)	sānie	ثانیه
minute (f)	daqiqe	دقیقه
heure (f)	sā'at	ساعت
demi-heure (f)	nim sā'at	نیم ساعت
un quart d'heure	yek rob'	یک ربع
quinze minutes	pānzdah daqiqe	پانزده دقیقه
vingt-quatre heures	šabāne ruz	شبانه روز
lever (m) du soleil	tolu-'e āftāb	طلوع آفتاب
aube (f)	sahar	سحر
point (m) du jour	sobh-e zud	صبح زود
coucher (m) du soleil	qorub	غروب
tôt le matin	sobh-e zud	صبح زود
ce matin	emruz sobh	امروز صبح
demain matin	fardā sobh	فردا صبح
cet après-midi	emruz zohr	امروز ظهر
dans l'après-midi	ba'd az zohr	بعد ازظهر
demain après-midi	fardā ba'd az zohr	فردا بعد ازظهر
ce soir	emšab	امشب
demain soir	fardā šab	فردا شب
à 3 heures précises	sar-e sā'at-e se	سر ساعت ۳
autour de 4 heures	nazdik-e sā'at-e čāhār	نزدیک ساعت ۴
vers midi	nazdik zohr	نزدیک ظهر
dans 20 minutes	bist daqiqe-ye digar	۲۰ دقیقه دیگر
dans une heure	yek sā'at-e digar	یک ساعت دیگر
à temps	be moqe'	به موقع
... moins le quart	yek rob' be	یک ربع به
en une heure	yek sā'at-e digar	یک ساعت دیگر
tous les quarts d'heure	har pānzdah daqiqe	هر ۵۱ دقیقه
24 heures sur 24	šabāne ruz	شبانه روز

19. Les mois. Les saisons

janvier (m)	žānvie	ژانویه
février (m)	fevriye	فوریه
mars (m)	mārs	مارس
avril (m)	āvril	آوریل
mai (m)	meh	مه
juin (m)	žuan	ژوئن
juillet (m)	žuiye	ژوئیه
août (m)	owt	اوت
septembre (m)	septāmbr	سپتامبر
octobre (m)	oktobr	اکتبر

novembre (m)	novāmbr	نوامبر
décembre (m)	desāmr	دسامبر
printemps (m)	bahār	بهار
au printemps	dar bahār	در بهار
de printemps (adj)	bahāri	بهاری
été (m)	tābestān	تابستان
en été	dar tābestān	در تابستان
d'été (adj)	tābestāni	تابستانی
automne (m)	pāyiz	پاییز
en automne	dar pāyiz	در پاییز
d'automne (adj)	pāyizi	پاییزی
hiver (m)	zemestān	زمستان
en hiver	dar zemestān	در زمستان
d'hiver (adj)	zemestāni	زمستانی
mois (m)	māh	ماه
ce mois	in māh	این ماه
le mois prochain	māh-e āyande	ماه آینده
le mois dernier	māh-e gozašte	ماه گذشته
il y a un mois	yek māh qabl	یک ماه قبل
dans un mois	yek māh digar	یک ماه دیگر
dans 2 mois	do māh-e digar	۲ماه دیگر
tout le mois	tamām-e māh	تمام ماه
tout un mois	tamām-e māh	تمام ماه
mensuel (adj)	māhāne	ماهانه
mensuellement	māhāne	ماهانه
chaque mois	har māh	هر ماه
2 fois par mois	do bār dar māh	دو بار درماه
année (f)	sāl	سال
cette année	emsāl	امسال
l'année prochaine	sāl-e āyande	سال آینده
l'année dernière	sāl-e gozašte	سال گذشته
il y a un an	yek sāl qabl	یک سال قبل
dans un an	yek sāl-e digar	یک سال دیگر
dans 2 ans	do sāl-e digar	۲سال دیگر
toute l'année	tamām-e sāl	تمام سال
toute une année	tamām-e sāl	تمام سال
chaque année	har sāl	هر سال
annuel (adj)	sālāne	سالانه
annuellement	sālāne	سالانه
4 fois par an	čāhār bār dar sāl	چهار بار در سال
date (f) (jour du mois)	tārix	تاریخ
date (f) (~ mémorable)	tārix	تاریخ
calendrier (m)	taqvim	تقویم
six mois	nim sāl	نیم سال
semestre (m)	nim sāl	نیم سال

saison (f)	fasl	فصل
siècle (m)	qarn	قرن

LES VOYAGES. L'HÔTEL

20. Les voyages. Les excursions

tourisme (m)	gardešgari	گردشگری
touriste (m)	turist	توریست
voyage (m) (à l'étranger)	mosāferat	مسافرت
aventure (f)	mājarā	ماجرا
voyage (m)	safar	سفر
vacances (f pl)	moraxxasi	مرخصی
être en vacances	dar moraxassi budan	در مرخصی بودن
repos (m) (jours de ~)	esterāhat	استراحت
train (m)	qatār	قطار
en train	bā qatār	با قطار
avion (m)	havāpeymā	هواپیما
en avion	bā havāpeymā	با هواپیما
en voiture	bā otomobil	با اتومبیل
en bateau	dar kešti	با کشتی
bagage (m)	bār	بار
malle (f)	čamedān	چمدان
chariot (m)	čarx-e hamle bar	چرخ حمل بار
passeport (m)	gozarnāme	گذرنامه
visa (m)	ravādid	روادید
ticket (m)	belit	بلیط
billet (m) d'avion	belit-e havāpeymā	بلیط هواپیما
guide (m) (livre)	ketāb-e rāhnamā	کتاب راهنما
carte (f)	naqše	نقشه
région (f) (~ rurale)	mahal	محل
endroit (m)	jā	جا
exotisme (m)	qarāyeb	غرایب
exotique (adj)	qarib	غریب
étonnant (adj)	heyrat angiz	حیرت انگیز
groupe (m)	goruh	گروه
excursion (f)	gardeš	گردش
guide (m) (personne)	rāhnamā-ye tur	راهنمای تور

21. L'hôtel

hôtel (m)	hotel	هتل
motel (m)	motel	متل
3 étoiles	se setāre	سه ستاره

5 étoiles	panj setāre	پنج ستاره
descendre (à l'hôtel)	māndan	ماندن
chambre (f)	otāq	اتاق
chambre (f) simple	otāq-e yeknafare	اتاق یک نفره
chambre (f) double	otāq-e do nafare	اتاق دو نفره
réserver une chambre	otāq rezerv kardan	اتاق رزرو کردن
demi-pension (f)	nim pānsiyon	نیم پانسیون
pension (f) complète	pānsiyon	پانسیون
avec une salle de bain	bā vān	با وان
avec une douche	bā duš	با دوش
télévision (f) par satellite	televiziyon-e māhvārei	تلویزیون ماهواره ای
climatiseur (m)	tahviye-ye matbu'	تهویه مطبوع
serviette (f)	howle	حوله
clé (f)	kelid	کلید
administrateur (m)	edāre-ye konande	اداره کننده
femme (f) de chambre	mostaxdem	مستخدم
porteur (m)	bārbar	باربر
portier (m)	darbān	دربان
restaurant (m)	resturān	رستوران
bar (m)	bār	بار
petit déjeuner (m)	sobhāne	صبحانه
dîner (m)	šām	شام
buffet (m)	bufe	بوفه
hall (m)	lābi	لابی
ascenseur (m)	āsānsor	آسانسور
PRIÈRE DE NE PAS DÉRANGER	mozāhem našavid	مزاحم نشوید
DÉFENSE DE FUMER	sigār kešidan mamnu'	سیگار کشیدن ممنوع

22. Le tourisme

monument (m)	mojassame	مجسمه
forteresse (f)	qal'e	قلعه
palais (m)	kāx	کاخ
château (m)	qal'e	قلعه
tour (f)	borj	برج
mausolée (m)	ārāmgāh	آرامگاه
architecture (f)	me'māri	معماری
médiéval (adj)	qorun-e vasati	قرون وسطی
ancien (adj)	qadimi	قدیمی
national (adj)	melli	ملی
connu (adj)	mašhur	مشهور
touriste (m)	turist	توریست
guide (m) (personne)	rāhnamā-ye tur	راهنمای تور
excursion (f)	gardeš	گردش

montrer (vt)	nešān dādan	نشان دادن
raconter (une histoire)	hekāyat kardan	حکایت کردن
trouver (vt)	peydā kardan	پیدا کردن
se perdre (vp)	gom šodan	گم شدن
plan (m) (du metro, etc.)	naqše	نقشه
carte (f) (de la ville, etc.)	naqše	نقشه
souvenir (m)	sowqāti	سوغاتی
boutique (f) de souvenirs	forušgāh-e sowqāti	فروشگاه سوغاتی
prendre en photo	aks gereftan	عکس گرفتن
se faire prendre en photo	aks gereftan	عکس گرفتن

LES TRANSPORTS

23. L'aéroport

aéroport (m)	forudgāh	فرودگاه
avion (m)	havāpeymā	هواپیما
compagnie (f) aérienne	šerkat-e havāpeymāyi	شرکت هواپیمایی
contrôleur (m) aérien	ma'mur-e kontorol-e terāfik-e havāyi	مأمور کنترل ترافیک هوایی
départ (m)	azimat	عزیمت
arrivée (f)	vorud	ورود
arriver (par avion)	residan	رسیدن
temps (m) de départ	zamān-e parvāz	زمان پرواز
temps (m) d'arrivée	zamān-e vorud	زمان ورود
être retardé	ta'xir kardan	تأخیر کردن
retard (m) de l'avion	ta'xir-e parvāz	تأخیر پرواز
tableau (m) d'informations	tāblo-ye ettelā'āt	تابلوی اطلاعات
information (f)	ettelā'āt	اطلاعات
annoncer (vt)	e'lām kardan	اعلام کردن
vol (m)	parvāz	پرواز
douane (f)	gomrok	گمرک
douanier (m)	ma'mur-e gomrok	مأمور گمرک
déclaration (f) de douane	ežhār-nāme	اظهارنامه
remplir (vt)	por kardan	پر کردن
remplir la déclaration	ezhār-nāme rā por kardan	اظهارنامه را پر کردن
contrôle (m) de passeport	kontorol-e gozarnāme	کنترل گذرنامه
bagage (m)	bār	بار
bagage (m) à main	bār-e dasti	بار دستی
chariot (m)	čarx-e hamle bar	چرخ حمل بار
atterrissage (m)	forud	فرود
piste (f) d'atterrissage	bānd-e forudgāh	باند فرودگاه
atterrir (vi)	nešastan	نشستن
escalier (m) d'avion	pellekān	پلکان
enregistrement (m)	ček in	چک این
comptoir (m) d'enregistrement	bāje-ye kontorol	باجه کنترل
s'enregistrer (vp)	čekin kardan	چکاین کردن
carte (f) d'embarquement	kārt-e parvāz	کارت پرواز
porte (f) d'embarquement	gi-yat xoruj	گیت خروج
transit (m)	terānzit	ترانزیت
attendre (vt)	montazer budan	منتظر بودن

salle (f) d'attente	tālār-e entezār	تالار انتظار
raccompagner (à l'aéroport, etc.)	badraqe kardan	بدرقه کردن
dire au revoir	xodāhāfezi kardan	خداحافظی کردن

24. L'avion

avion (m)	havāpeymā	هواپیما
billet (m) d'avion	belit-e havāpeymā	بلیط هواپیما
compagnie (f) aérienne	šerkat-e havāpeymāyi	شرکت هواپیمایی
aéroport (m)	forudgāh	فرودگاه
supersonique (adj)	māvarā sowt	ماوراء صوت
commandant (m) de bord	kāpitān	کاپیتان
équipage (m)	xadame	خدمه
pilote (m)	xalabān	خلبان
hôtesse (f) de l'air	mehmāndār-e havāpeymā	مهماندار هواپیما
navigateur (m)	nāvbar	ناوبر
ailes (f pl)	bāl-hā	بال ها
queue (f)	dam	دم
cabine (f)	kābin	کابین
moteur (m)	motor	موتور
train (m) d'atterrissage	šāssi	شاسی
turbine (f)	turbin	توربین
hélice (f)	parvāne	پروانه
boîte (f) noire	ja'be-ye siyāh	جعبه سیاه
gouvernail (m)	farmān	فرمان
carburant (m)	suxt	سوخت
consigne (f) de sécurité	dasturol'amal	دستورالعمل
masque (m) à oxygène	māsk-e oksižen	ماسک اکسیژن
uniforme (m)	oniform	اونیفورم
gilet (m) de sauvetage	jeliqe-ye nejāt	جلیقة نجات
parachute (m)	čatr-e nejāt	چترنجات
décollage (m)	parvāz	پرواز
décoller (vi)	parvāz kardan	پرواز کردن
piste (f) de décollage	bānd-e forudgāh	باند فرودگاه
visibilité (f)	meydān did	میدان دید
vol (m) (~ d'oiseau)	parvāz	پرواز
altitude (f)	ertefā'	ارتفاع
trou (m) d'air	čāle-ye havāyi	چاله هوایی
place (f)	jā	جا
écouteurs (m pl)	guši	گوشی
tablette (f)	sini-ye tāšow	سینی تاشو
hublot (m)	panjere	پنجره
couloir (m)	rāhrow	راهرو

25. Le train

train (m)	qatār	قطار
train (m) de banlieue	qatār-e barqi	قطار برقی
TGV (m)	qatār-e sari'osseyr	قطارسریع السیر
locomotive (f) diesel	lokomotiv-e dizel	لوکوموتیو دیزل
locomotive (f) à vapeur	lokomotiv-e boxar	لوکوموتیو بخار
wagon (m)	vāgon	واگن
wagon-restaurant (m)	vāgon-e resturān	واگن رستوران
rails (m pl)	reyl-hā	ریل ها
chemin (m) de fer	rāh āhan	راه آهن
traverse (f)	reyl-e band	ریل بند
quai (m)	sakku-ye rāh-āhan	سکوی راه آهن
voie (f)	masir	مسیر
sémaphore (m)	nešanar	نشانبر
station (f)	istgāh	ایستگاه
conducteur (m) de train	rānande	راننده
porteur (m)	bārbar	باربر
steward (m)	rāhnamā-ye qatār	راهنمای قطار
passager (m)	mosāfer	مسافر
contrôleur (m) de billets	kontorol či	کنترل چی
couloir (m)	rāhrow	راهرو
frein (m) d'urgence	tormoz-e ezterāri	ترمز اضطراری
compartiment (m)	kupe	کوپه
couchette (f)	taxt-e kupe	تخت کوپه
couchette (f) d'en haut	taxt-e bālā	تخت بالا
couchette (f) d'en bas	taxt-e pāyin	تخت پایین
linge (m) de lit	raxt-e xāb	رخت خواب
ticket (m)	belit	بلیط
horaire (m)	barnāme	برنامه
tableau (m) d'informations	barnāme-ye zamāni	برنامه زمانی
partir (vi)	tark kardan	ترک کردن
départ (m) (du train)	harekat	حرکت
arriver (le train)	residan	رسیدن
arrivée (f)	vorud	ورود
arriver en train	bā qatār āmadan	با قطار آمدن
prendre le train	savār-e qatār šodan	سوار قطار شدن
descendre du train	az qatār piyāde šodan	از قطار پیاده شدن
accident (m) ferroviaire	sānehe	سانحه
dérailler (vi)	az xat xārej šodan	از خط خارج شدن
locomotive (f) à vapeur	lokomotiv-e boxar	لوکوموتیو بخار
chauffeur (m)	ātaškār	آتشکار
chauffe (f)	ātašdān	آتشدان
charbon (m)	zoqāl sang	زغال سنگ

26. Le bateau

bateau (m)	kešti	کشتی
navire (m)	kešti	کشتی
bateau (m) à vapeur	kešti-ye boxāri	کشتی بخاری
paquebot (m)	qāyeq-e rudxāne	قایق رودخانه
bateau (m) de croisière	kešti-ye tafrihi	کشتی تفریحی
croiseur (m)	razm nāv	رزم ناو
yacht (m)	qāyeq-e tafrihi	قایق تفریحی
remorqueur (m)	yadak keš	یدک کش
péniche (f)	kešti-ye bārkeše yadaki	کشتی بارکش یدکی
ferry (m)	kešti-ye farābar	کشتی فرابر
voilier (m)	kešti-ye bādbāni	کشتی بادبانی
brigantin (m)	košti dozdān daryā-yi	کشتی دزدان دریایی
brise-glace (m)	kešti-ye yaxšekan	کشتی یخ شکن
sous-marin (m)	zirdaryāyi	زیردریایی
canot (m) à rames	qāyeq	قایق
dinghy (m)	qāyeq-e tafrihi	قایق تفریحی
canot (m) de sauvetage	qāyeq-e nejāt	قایق نجات
canot (m) à moteur	qāyeq-e motori	قایق موتوری
capitaine (m)	kāpitān	کاپیتان
matelot (m)	malavān	ملوان
marin (m)	malavān	ملوان
équipage (m)	xadame	خدمه
maître (m) d'équipage	sar malavān	سر ملوان
mousse (m)	šāgerd-e malavān	شاگرد ملوان
cuisinier (m) du bord	āšpaz-e kešti	آشپز کشتی
médecin (m) de bord	pezešk-e kešti	پزشک کشتی
pont (m)	arše-ye kešti	عرشه کشتی
mât (m)	dakal	دکل
voile (f)	bādbān	بادبان
cale (f)	anbār	انبار
proue (f)	sine-ye kešti	سینه کشتی
poupe (f)	aqab kešti	عقب کشتی
rame (f)	pāru	پارو
hélice (f)	parvāne	پروانه
cabine (f)	otāq-e kešti	اتاق کشتی
carré (m) des officiers	otāq-e afsarān	اتاق افسران
salle (f) des machines	motor xāne	موتور خانه
passerelle (f)	pol-e farmāndehi	پل فرماندهی
cabine (f) de T.S.F.	kābin-e bisim	کابین بی سیم
onde (f)	mowj	موج
journal (m) de bord	roxdād nāme	رخداد نامه
longue-vue (f)	teleskop	تلسکوپ
cloche (f)	nāqus	ناقوس

pavillon (m)	parčam	پرچم
grosse corde (f) tressée	tanāb	طناب
nœud (m) marin	gereh	گره
rampe (f)	narde	نرده
passerelle (f)	pol	پل
ancre (f)	langar	لنگر
lever l'ancre	langar kešidan	لنگر کشیدن
jeter l'ancre	langar andāxtan	لنگر انداختن
chaîne (f) d'ancrage	zanjir-e langar	زنجیر لنگر
port (m)	bandar	بندر
embarcadère (m)	eskele	اسکله
accoster (vi)	pahlu gereftan	پهلو گرفتن
larguer les amarres	tark kardan	ترک کردن
voyage (m) (à l'étranger)	mosāferat	مسافرت
croisière (f)	safar-e daryāyi	سفر دریایی
cap (m) (suivre un ~)	masir	مسیر
itinéraire (m)	masir	مسیر
chenal (m)	kešti-ye ru	کشتی رو
bas-fond (m)	mahall-e kam omq	محل کم عمق
échouer sur un bas-fond	be gel nešastan	به گل نشستن
tempête (f)	tufān	طوفان
signal (m)	alāmat	علامت
sombrer (vi)	qarq šodan	غرق شدن
Un homme à la mer!	kas-i dar hāl-e qarq šodan-ast!	کسی در حال غرق شدن است!
SOS (m)	sos	SOS
bouée (f) de sauvetage	kamarband-e nejāt	کمربند نجات

LA VILLE

27. Les transports en commun

autobus (m)	otobus	اتوبوس
tramway (m)	terāmvā	تراموا
trolleybus (m)	otobus-e barqi	اتوبوس برقی
itinéraire (m)	xat	خط
numéro (m)	šomāre	شماره
prendre ...	raftan bā	رفتن با
monter (dans l'autobus)	savār šodan	سوار شدن
descendre de ...	piyāde šodan	پیاده شدن
arrêt (m)	istgāh-e otobus	ایستگاه اتوبوس
arrêt (m) prochain	istgāh-e ba'di	ایستگاه بعدی
terminus (m)	istgāh-e āxar	ایستگاه آخر
horaire (m)	barnāme	برنامه
attendre (vt)	montazer budan	منتظر بودن
ticket (m)	belit	بلیط
prix (m) du ticket	qeymat-e belit	قیمت بلیت
caissier (m)	sanduqdār	صندوقدار
contrôle (m) des tickets	kontorol-e belit	کنترل بلیط
contrôleur (m)	kontorol či	کنترل چی
être en retard	ta'xir dāštan	تأخیرداشتن
rater (~ le train)	az dast dādan	از دست دادن
se dépêcher	ajale kardan	عجله کردن
taxi (m)	tāksi	تاکسی
chauffeur (m) de taxi	rānande-ye tāksi	راننده تاکسی
en taxi	bā tāksi	با تاکسی
arrêt (m) de taxi	istgāh-e tāksi	ایستگاه تاکسی
appeler un taxi	tāksi gereftan	تاکسی گرفتن
prendre un taxi	tāksi gereftan	تاکسی گرفتن
trafic (m)	obur-o morur	عبور و مرور
embouteillage (m)	terāfik	ترافیک
heures (f pl) de pointe	sā'at-e šoluqi	ساعت شلوغی
se garer (vp)	pārk kardan	پارک کردن
garer (vt)	pārk kardan	پارک کردن
parking (m)	pārking	پارکینگ
métro (m)	metro	مترو
station (f)	istgāh	ایستگاه
prendre le métro	bā metro raftan	با مترو رفتن
train (m)	qatār	قطار
gare (f)	istgāh-e rāh-e āhan	ایستگاه راه آهن

28. La ville. La vie urbaine

ville (f)	šahr	شهر
capitale (f)	pāytaxt	پایتخت
village (m)	rustā	روستا
plan (m) de la ville	naqše-ye šahr	نقشهٔ شهر
centre-ville (m)	markaz-e šahr	مرکز شهر
banlieue (f)	hume-ye šahr	حومهٔ شهر
de banlieue (adj)	hume-ye šahr	حومهٔ شهر
périphérie (f)	hume	حومه
alentours (m pl)	hume	حومه
quartier (m)	mahalle	محله
quartier (m) résidentiel	mahalle-ye maskuni	محلهٔ مسکونی
trafic (m)	obur-o morur	عبور و مرور
feux (m pl) de circulation	čerāq-e rāhnamā	چراغ راهنما
transport (m) urbain	haml-o naql-e šahri	حمل و نقل شهری
carrefour (m)	čahārrāh	چهارراه
passage (m) piéton	xatt-e āber-e piyāde	خط عابرپیاده
passage (m) souterrain	zir-e gozar	زیر گذر
traverser (vt)	obur kardan	عبور کردن
piéton (m)	piyāde	پیاده
trottoir (m)	piyāde row	پیاده رو
pont (m)	pol	پل
quai (m)	xiyābān-e sāheli	خیابان ساحلی
fontaine (f)	češme	چشمه
allée (f)	bāq rāh	باغ راه
parc (m)	pārk	پارک
boulevard (m)	bolvār	بولوار
place (f)	meydān	میدان
avenue (f)	xiyābān	خیابان
rue (f)	xiyābān	خیابان
ruelle (f)	kuče	کوچه
impasse (f)	bon bast	بن بست
maison (f)	xāne	خانه
édifice (m)	sāxtemān	ساختمان
gratte-ciel (m)	āsemānxarāš	آسمانخراش
façade (f)	namā	نما
toit (m)	bām	بام
fenêtre (f)	panjere	پنجره
arc (m)	tāq-e qowsi	طاق قوسی
colonne (f)	sotun	ستون
coin (m)	nabš	نبش
vitrine (f)	vitrin	ویترین
enseigne (f)	tāblo	تابلو
affiche (f)	poster	پوستر
affiche (f) publicitaire	poster-e tabliqāti	پوستر تبلیغاتی

panneau-réclame (m)	bilbord	بیلبورد
ordures (f pl)	āšqāl	آشغال
poubelle (f)	satl-e āšqāl	سطل آشغال
jeter à terre	kasif kardan	کثیف کردن
décharge (f)	jā-ye dafn-e āšqāl	جای دفن آشغال
cabine (f) téléphonique	kābin-e telefon	کابین تلفن
réverbère (m)	tir-e barq	تیر برق
banc (m)	nimkat	نیمکت
policier (m)	polis	پلیس
police (f)	polis	پلیس
clochard (m)	gedā	گدا
sans-abri (m)	bi xānomān	بی خانمان

29. Les institutions urbaines

magasin (m)	maqāze	مغازه
pharmacie (f)	dāruxāne	داروخانه
opticien (m)	eynak foruši	عینک فروشی
centre (m) commercial	markaz-e tejāri	مرکز تجاری
supermarché (m)	supermārket	سوپرمارکت
boulangerie (f)	nānvāyi	نانوایی
boulanger (m)	nānvā	نانوا
pâtisserie (f)	qannādi	قنادی
épicerie (f)	baqqāli	بقالی
boucherie (f)	gušt foruši	گوشت فروشی
magasin (m) de légumes	sabzi foruši	سبزی فروشی
marché (m)	bāzār	بازار
salon (m) de café	kāfe	کافه
restaurant (m)	resturān	رستوران
brasserie (f)	bār	بار
pizzeria (f)	pitzā-foruši	پیتزا فروشی
salon (m) de coiffure	ārāyešgāh	آرایشگاه
poste (f)	post	پست
pressing (m)	xošk-šuyi	خشک‌شویی
atelier (m) de photo	ātolye-ye akkāsi	آتلیۀ عکاسی
magasin (m) de chaussures	kafš foruši	کفش فروشی
librairie (f)	ketāb-foruši	کتاب فروشی
magasin (m) d'articles de sport	maqāze-ye varzeši	مغازۀ ورزشی
atelier (m) de retouche	ta'mir-e lebās	تعمیر لباس
location (f) de vêtements	kerāye-ye lebās	کرایۀ لباس
location (f) de films	kerāye-ye film	کرایۀ فیلم
cirque (m)	sirak	سیرک
zoo (m)	bāq-e vahš	باغ وحش
cinéma (m)	sinamā	سینما
musée (m)	muze	موزه

bibliothèque (f)	ketābxāne	کتابخانه
théâtre (m)	teātr	تئاتر
opéra (m)	operā	اپرا
boîte (f) de nuit	kābāre	کاباره
casino (m)	kāzino	کازینو

mosquée (f)	masjed	مسجد
synagogue (f)	kenešt	کنشت
cathédrale (f)	kelisā-ye jāme'	کلیسای جامع
temple (m)	ma'bad	معبد
église (f)	kelisā	کلیسا

institut (m)	anistito	انستیتو
université (f)	dānešgāh	دانشگاه
école (f)	madrese	مدرسه

préfecture (f)	ostāndāri	استانداری
mairie (f)	šahrdāri	شهرداری
hôtel (m)	hotel	هتل
banque (f)	bānk	بانک

ambassade (f)	sefārat	سفارت
agence (f) de voyages	āžāns-e jahāngardi	آژانس جهانگردی
bureau (m) d'information	daftar-e ettelāāt	دفتر اطلاعات
bureau (m) de change	sarrāfi	صرافی

| métro (m) | metro | مترو |
| hôpital (m) | bimārestān | بیمارستان |

| station-service (f) | pomp-e benzin | پمپ بنزین |
| parking (m) | pārking | پارکینگ |

30. Les enseignes. Les panneaux

enseigne (f)	tāblo	تابلو
pancarte (f)	nevešte	نوشته
poster (m)	poster	پوستر
indicateur (m) de direction	rāhnamā	راهنما
flèche (f)	alāmat	علامت

avertissement (m)	ehtiyāt	احتیاط
panneau d'avertissement	alāmat-e hošdār	علامت هشدار
avertir (vt)	hošdār dādan	هشدار دادن

jour (m) de repos	ruz-e ta'til	روز تعطیل
horaire (m)	jadval	جدول
heures (f pl) d'ouverture	sā'athā-ye kāri	ساعت های کاری

BIENVENUE!	xoš āmadid	خوش آمدید
ENTRÉE	vorud	ورود
SORTIE	xoruj	خروج

| POUSSER | hel dādan | هل دادن |
| TIRER | bekešid | بکشید |

| OUVERT | bāz | باز |
| FERMÉ | baste | بسته |

| FEMMES | zanāne | زنانه |
| HOMMES | mardāne | مردانه |

RABAIS	taxfif	تخفیف
SOLDES	harāj	حراج
NOUVEAU!	jadid	جدید
GRATUIT	majjāni	مجانی

ATTENTION!	tavajjoh	توجه
COMPLET	otāq-e xāli nadārim	اتاق خالی نداریم
RÉSERVÉ	rezerv šode	رزرو شده

| ADMINISTRATION | edāre | اداره |
| RÉSERVÉ AU PERSONNEL | xāse personel | خاص پرسنل |

ATTENTION CHIEN MÉCHANT	movāzeb-e sag bāšid	مواظب سگ باشید
DÉFENSE DE FUMER	sigār kešidan mamnu'	سیگار کشیدن ممنوع
PRIÈRE DE NE PAS TOUCHER	dast nazanid	دست نزنید

DANGEREUX	xatarnāk	خطرناک
DANGER	xatar	خطر
HAUTE TENSION	voltāj bālā	ولتاژ بالا
BAIGNADE INTERDITE	šenā mamnu'	شنا ممنوع
HORS SERVICE	xārāb	خراب

INFLAMMABLE	qābel-e ehterāq	قابل احتراق
INTERDIT	mamnu'	ممنوع
PASSAGE INTERDIT	obur mamnu'	عبور ممنوع
PEINTURE FRAÎCHE	rang-e xis	رنگ خیس

31. Le shopping

acheter (vt)	xarid kardan	خرید کردن
achat (m)	xarid	خرید
faire des achats	xarid kardan	خرید کردن
shopping (m)	xarid	خرید

| être ouvert | bāz budan | باز بودن |
| être fermé | baste budan | بسته بودن |

chaussures (f pl)	kafš	کفش
vêtement (m)	lebās	لباس
produits (m pl) de beauté	lavāzem-e ārāyeši	لوازم آرایشی
produits (m pl) alimentaires	mavādd-e qazāyi	مواد غذایی
cadeau (m)	hedye	هدیه

vendeur (m)	forušande	فروشنده
vendeuse (f)	forušande-ye zan	فروشنده زن
caisse (f)	sanduq	صندوق

miroir (m)	āyene	آینه
comptoir (m)	pišxān	پیشخوان
cabine (f) d'essayage	otāq porov	اتاق پرو
essayer (robe, etc.)	emtehān kardan	امتحان کردن
aller bien (robe, etc.)	monāseb budan	مناسب بودن
plaire (être apprécié)	dust dāštan	دوست داشتن
prix (m)	qeymat	قیمت
étiquette (f) de prix	barčasb-e qeymat	برچسب قیمت
coûter (vt)	qeymat dāštan	قیمت داشتن
Combien?	čeqadr?	چقدر؟
rabais (m)	taxfif	تخفیف
pas cher (adj)	arzān	ارزان
bon marché (adj)	arzān	ارزان
cher (adj)	gerān	گران
C'est cher	gerān ast	گران است
location (f)	kerāye	کرایه
louer (une voiture, etc.)	kerāye kardan	کرایه کردن
crédit (m)	vām	وام
à crédit (adv)	xarid-e e'tebāri	خرید اعتباری

LES VÊTEMENTS & LES ACCESSOIRES

32. Les vêtements d'extérieur

vêtement (m)	lebās	لباس
survêtement (m)	lebās-e ru	لباس رو
vêtement (m) d'hiver	lebās-e zemestāni	لباس زمستانی
manteau (m)	pāltow	پالتو
manteau (m) de fourrure	pālto-ye pustin	پالتوی پوستین
veste (f) de fourrure	kot-e pustin	کت پوستین
manteau (m) de duvet	kāpšan	کاپشن
veste (f) (~ en cuir)	kot	کت
imperméable (m)	bārāni	بارانی
imperméable (adj)	zed-e āb	ضد آب

33. Les vêtements

chemise (f)	pirāhan	پیراهن
pantalon (m)	šalvār	شلوار
jean (m)	jin	جین
veston (m)	kot	کت
complet (m)	kat-o šalvār	کت و شلوار
robe (f)	lebās	لباس
jupe (f)	dāman	دامن
chemisette (f)	boluz	بلوز
veste (f) en laine	jeliqe-ye kešbāf	جلیقه کشباف
jaquette (f), blazer (m)	kot	کت
tee-shirt (m)	tey šarr-at	تی شرت
short (m)	šalvarak	شلوارک
costume (m) de sport	lebās-e varzeši	لباس ورزشی
peignoir (m) de bain	howle-ye hamām	حوله حمام
pyjama (m)	pižāme	پیژامه
chandail (m)	poliver	پلیور
pull-over (m)	poliver	پلیور
gilet (m)	jeliqe	جلیقه
queue-de-pie (f)	kat-e dāman gerd	کت دامن گرد
smoking (m)	esmoking	اسموکینگ
uniforme (m)	oniform	اونیفورم
tenue (f) de travail	lebās-e kār	لباس کار
salopette (f)	rupuš	روپوش
blouse (f) (d'un médecin)	rupuš	روپوش

34. Les sous-vêtements

sous-vêtements (m pl)	lebās-e zir	لباس زیر
boxer (m)	šort-e bākser	شورت باکسر
slip (m) de femme	šort-e zanāne	شورت زنانه
maillot (m) de corps	zir-e pirāhan-i	زیر پیراهنی
chaussettes (f pl)	jurāb	جوراب
chemise (f) de nuit	lebās-e xāb	لباس خواب
soutien-gorge (m)	sine-ye band	سینه بند
chaussettes (f pl) hautes	sāq	ساق
collants (m pl)	jurāb-e šalvāri	جوراب شلواری
bas (m pl)	jurāb-e sāqeboland	جوراب ساقه بلند
maillot (m) de bain	māyo	مایو

35. Les chapeaux

chapeau (m)	kolāh	کلاه
chapeau (m) feutre	šāpo	شاپو
casquette (f) de base-ball	kolāh beysbāl	کلاه بیس بال
casquette (f)	kolāh-e taxt	کلاه تخت
béret (m)	kolāh barre	کلاه بره
capuche (f)	kolāh-e bārāni	کلاه بارانی
panama (m)	kolāh-e dowre-ye boland	کلاه دوره بلند
bonnet (m) de laine	kolāh-e bāftani	کلاه بافتنی
foulard (m)	rusari	روسری
chapeau (m) de femme	kolāh-e zanāne	کلاه زنانه
casque (m) (d'ouvriers)	kolāh-e imeni	کلاه ایمنی
calot (m)	kolāh-e pādegān	کلاه پادگان
casque (m) (~ de moto)	kolāh-e imeni	کلاه ایمنی
melon (m)	kolāh-e namadi	کلاه نمدی
haut-de-forme (m)	kolāh-e ostovānei	کلاه استوانه ای

36. Les chaussures

chaussures (f pl)	kafš	کفش
bottines (f pl)	putin	پوتین
souliers (m pl) (~ plats)	kafš	کفش
bottes (f pl)	čakme	چکمه
chaussons (m pl)	dampāyi	دمپایی
tennis (m pl)	kafš katān-i	کفش کتانی
baskets (f pl)	kafš katān-i	کفش کتانی
sandales (f pl)	sandal	صندل
cordonnier (m)	kaffāš	کفاش
talon (m)	pāšne-ye kafš	پاشنهٔ کفش

paire (f)	yek joft	یک جفت
lacet (m)	band-e kafš	بند کفش
lacer (vt)	band-e kafš bastan	بند کفش بستن
chausse-pied (m)	pāšne keš	پاشنه کش
cirage (m)	vāks	واکس

37. Les accessoires personnels

gants (m pl)	dastkeš	دستکش
moufles (f pl)	dastkeš-e yek angošti	دستکش یک انگشتی
écharpe (f)	šāl-e gardan	شال گردن

lunettes (f pl)	eynak	عینک
monture (f)	qāb	قاب
parapluie (m)	čatr	چتر
canne (f)	asā	عصا
brosse (f) à cheveux	bores-e mu	برس مو
éventail (m)	bādbezan	بادبزن

cravate (f)	kerāvāt	کراوات
nœud papillon (m)	pāpiyon	پاپیون
bretelles (f pl)	band šalvār	بند شلوار
mouchoir (m)	dastmāl	دستمال

peigne (m)	šāne	شانه
barrette (f)	sanjāq-e mu	سنجاق مو
épingle (f) à cheveux	sanjāq-e mu	سنجاق مو
boucle (f)	sagak	سگک

| ceinture (f) | kamarband | کمربند |
| bandoulière (f) | tasme | تسمه |

sac (m)	keyf	کیف
sac (m) à main	keyf-e zanāne	کیف زنانه
sac (m) à dos	kule pošti	کوله پشتی

38. Les vêtements. Divers

mode (f)	mod	مد
à la mode (adj)	mod	مد
couturier, créateur de mode	tarrāh-e lebas	طراح لباس

col (m)	yaqe	یقه
poche (f)	jib	جیب
de poche (adj)	jibi	جیبی
manche (f)	āstin	آستین
bride (f)	band-e āviz	بند آویز
braguette (f)	zip	زیپ

fermeture (f) à glissière	zip	زیپ
agrafe (f)	sagak	سگک
bouton (m)	dokme	دکمه

boutonnière (f)	surāx-e dokme	سوراخ دکمه
s'arracher (bouton)	kande šodan	کنده شدن
coudre (vi, vt)	duxtan	دوختن
broder (vt)	golduzi kardan	گلدوزی کردن
broderie (f)	golduzi	گلدوزی
aiguille (f)	suzan	سوزن
fil (m)	nax	نخ
couture (f)	darz	درز
se salir (vp)	kasif šodan	کثیف شدن
tache (f)	lakke	لکه
se froisser (vp)	čoruk šodan	چروک شدن
déchirer (vt)	pāre kardan	پاره کردن
mite (f)	šab parre	شب پره

39. L'hygiène corporelle. Les cosmétiques

dentifrice (m)	xamir-e dandān	خمیر دندان
brosse (f) à dents	mesvāk	مسواک
se brosser les dents	mesvāk zadan	مسواک زدن
rasoir (m)	tiq	تیغ
crème (f) à raser	kerem-e riš tarāši	کرم ریش تراشی
se raser (vp)	riš tarāšidan	ریش تراشیدن
savon (m)	sābun	صابون
shampooing (m)	šāmpu	شامپو
ciseaux (m pl)	qeyči	قیچی
lime (f) à ongles	sohan-e nāxon	سوهان ناخن
pinces (f pl) à ongles	nāxon gir	ناخن گیر
pince (f) à épiler	mučin	موچین
produits (m pl) de beauté	lavāzem-e ārāyeši	لوازم آرایشی
masque (m) de beauté	māsk	ماسک
manucure (f)	mānikur	مانیکور
se faire les ongles	mānikur kardan	مانیکور کردن
pédicurie (f)	pedikur	پدیکور
trousse (f) de toilette	kife lavāzem-e ārāyeši	کیف لوازم آرایشی
poudre (f)	pudr	پودر
poudrier (m)	ja'be-ye pudr	جعبۀ پودر
fard (m) à joues	sorxāb	سرخاب
parfum (m)	atr	عطر
eau (f) de toilette	atr	عطر
lotion (f)	losiyon	لوسیون
eau de Cologne (f)	odkolon	اودکلن
fard (m) à paupières	sāye-ye češm	سایه چشم
crayon (m) à paupières	medād čašm	مداد چشم
mascara (m)	rimel	ریمل
rouge (m) à lèvres	mātik	ماتیک

vernis (m) à ongles	lāk-e nāxon	لاک ناخن
laque (f) pour les cheveux	esperey-ye mu	اسپری مو
déodorant (m)	deodyrant	دئودورانت

crème (f)	kerem	کرم
crème (f) pour le visage	kerem-e surat	کرم صورت
crème (f) pour les mains	kerem-e dast	کرم دست
crème (f) anti-rides	kerem-e zedd-e čoruk	کرم ضد چروک
crème (f) de jour	kerem-e ruz	کرم روز
crème (f) de nuit	kerem-e šab	کرم شب
de jour (adj)	ruzāne	روزانه
de nuit (adj)	šab	شب

tampon (m)	tāmpon	تامپون
papier (m) de toilette	kāqaz-e tuālet	کاغذ توالت
sèche-cheveux (m)	sešovār	سشوار

40. Les montres. Les horloges

montre (f)	sā'at-e moči	ساعت مچی
cadran (m)	safhe-ye sā'at	صفحهٔ ساعت
aiguille (f)	aqrabe	عقربه
bracelet (m)	band-e sāat	بند ساعت
bracelet (m) (en cuir)	band-e čarmi	بند چرمی

pile (f)	bātri	باطری
être déchargé	tamām šodan bātri	تمام شدن باتری
changer de pile	bātri avaz kardan	باطری عوض کردن
avancer (vi)	jelo oftādan	جلو افتادن
retarder (vi)	aqab māndan	عقب ماندن

pendule (f)	sā'at-e divāri	ساعت دیواری
sablier (m)	sā'at-e šeni	ساعت شنی
cadran (m) solaire	sā'at-e āftābi	ساعت آفتابی
réveil (m)	sā'at-e zang dār	ساعت زنگ دار
horloger (m)	sā'at sāz	ساعت ساز
réparer (vt)	ta'mir kardan	تعمیر کردن

L'EXPÉRIENCE QUOTIDIENNE

41. L'argent

argent (m)	pul	پول
échange (m)	tabdil-e arz	تبدیل ارز
cours (m) de change	nerx-e arz	نرخ ارز
distributeur (m)	xodpardāz	خودپرداز
monnaie (f)	sekke	سکه
dollar (m)	dolār	دلار
euro (m)	yuro	یورو
lire (f)	lire	لیره
mark (m) allemand	mārk	مارک
franc (m)	farānak	فرانک
livre sterling (f)	pond-e esterling	پوند استرلینگ
yen (m)	yen	ین
dette (f)	qarz	قرض
débiteur (m)	bedehkār	بدهکار
prêter (vt)	qarz dādan	قرض دادن
emprunter (vt)	qarz gereftan	قرض گرفتن
banque (f)	bānk	بانک
compte (m)	hesāb-e bānki	حساب بانکی
verser (dans le compte)	rixtan	ریختن
verser dans le compte	be hesāb rixtan	به حساب ریختن
retirer du compte	az hesāb bardāštan	از حساب برداشتن
carte (f) de crédit	kārt-e e'tebāri	کارت اعتباری
espèces (f pl)	pul-e naqd	پول نقد
chèque (m)	ček	چک
faire un chèque	ček neveštan	چک نوشتن
chéquier (m)	daste-ye ček	دسته چک
portefeuille (m)	kif-e pul	کیف پول
bourse (f)	kif-e pul	کیف پول
coffre fort (m)	gāvsanduq	گاوصندوق
héritier (m)	vāres	وارث
héritage (m)	mirās	میراث
fortune (f)	dārāyi	دارایی
location (f)	ejāre	اجاره
loyer (m) (argent)	kerāye-ye xāne	کرایة خانه
louer (prendre en location)	ejāre kardan	اجاره کردن
prix (m)	qeymat	قیمت
coût (m)	arzeš	ارزش

somme (f)	jam'-e kol	جمع كل
dépenser (vt)	xarj kardan	خرج كردن
dépenses (f pl)	maxārej	مخارج
économiser (vt)	sarfeju-yi kardan	صرفه جویی كردن
économe (adj)	maqrun besarfe	مقرون به صرفه

payer (régler)	pardāxtan	پرداختن
paiement (m)	pardāxt	پرداخت
monnaie (f) (rendre la ~)	pul-e xerad	پول خرد

impôt (m)	māliyāt	مالیات
amende (f)	jarime	جریمه
mettre une amende	jarime kardan	جریمه كردن

42. La poste. Les services postaux

poste (f)	post	پست
courrier (m) (lettres, etc.)	post	پست
facteur (m)	nāme resān	نامه رسان
heures (f pl) d'ouverture	sā'athā-ye kāri	ساعت های كاری

lettre (f)	nāme	نامه
recommandé (m)	nāme-ye sefāreši	نامه سفارشی
carte (f) postale	kārt-e postāl	كارت پستال
télégramme (m)	telegrām	تلگرام
colis (m)	baste posti	بسته پستی
mandat (m) postal	havāle	حواله

recevoir (vt)	gereftan	گرفتن
envoyer (vt)	ferestādan	فرستادن
envoi (m)	ersāl	ارسال
adresse (f)	nešāni	نشانی
code (m) postal	kod-e posti	كد پستی
expéditeur (m)	ferestande	فرستنده
destinataire (m)	girande	گیرنده

prénom (m)	esm	اسم
nom (m) de famille	nām-e xānevādegi	نام خانوادگی
tarif (m)	ta'refe	تعرفه
normal (adj)	ādi	عادی
économique (adj)	ādi	عادی

poids (m)	vazn	وزن
peser (~ les lettres)	vazn kardan	وزن كردن
enveloppe (f)	pākat	پاكت
timbre (m)	tambr	تمبر
timbrer (vt)	tamr zadan	تمبر زدن

43. Les opérations bancaires

banque (f)	bānk	بانک
agence (f) bancaire	šo'be	شعبه

conseiller (m)	mošāver	مشاور
gérant (m)	modir	مدیر
compte (m)	hesāb-e bānki	حساب بانکی
numéro (m) du compte	šomāre-ye hesāb	شمارۀ حساب
compte (m) courant	hesāb-e jāri	حساب جاری
compte (m) sur livret	hesāb-e pasandāz	حساب پس انداز
ouvrir un compte	hesāb-e bāz kardan	حساب باز کردن
clôturer le compte	hesāb rā bastan	حساب را بستن
verser dans le compte	be hesāb rixtan	به حساب ریختن
retirer du compte	az hesāb bardāštan	از حساب برداشتن
dépôt (m)	seporde	سپرده
faire un dépôt	seporde gozāštan	سپرده گذاشتن
virement (m) bancaire	enteqāl	انتقال
faire un transfert	enteqāl dādan	انتقال دادن
somme (f)	jam'-e kol	جمع کل
Combien?	čeqadr?	چقدر؟
signature (f)	emzā'	امضاء
signer (vt)	emzā kardan	امضا کردن
carte (f) de crédit	kārt-e e'tebāri	کارت اعتباری
code (m)	kod	کد
numéro (m) de carte de crédit	šomāre-ye kārt-e e'tebāri	شماره کارت اعتباری
distributeur (m)	xodpardāz	خودپرداز
chèque (m)	ček	چک
faire un chèque	ček neveštan	چک نوشتن
chéquier (m)	daste-ye ček	دسته چک
crédit (m)	e'tebār	اعتبار
demander un crédit	darxāst-e vam kardan	درخواست وام کردن
prendre un crédit	vām gereftan	وام گرفتن
accorder un crédit	vām dādan	وام دادن
gage (m)	zemānat	ضمانت

44. Le téléphone. La conversation téléphonique

téléphone (m)	telefon	تلفن
portable (m)	telefon-e hamrāh	تلفن همراه
répondeur (m)	monši-ye telefoni	منشی تلفنی
téléphoner, appeler	telefon zadan	تلفن زدن
appel (m)	tamās-e telefoni	تماس تلفنی
composer le numéro	šomāre gereftan	شماره گرفتن
Allô!	alo!	الو!
demander (~ l'heure)	porsidan	پرسیدن
répondre (vi, vt)	javāb dādan	جواب دادن
entendre (bruit, etc.)	šenidan	شنیدن
bien (adv)	xub	خوب

49

mal (adv)	bad	بد
bruits (m pl)	sedā	صدا
récepteur (m)	guši	گوشی
décrocher (vt)	guši rā bar dāštan	گوشی را برداشتن
raccrocher (vi)	guši rā gozāštan	گوشی را گذاشتن
occupé (adj)	mašqul	مشغول
sonner (vi)	zang zadan	زنگ زدن
carnet (m) de téléphone	daftar-e telefon	دفتر تلفن
local (adj)	mahalli	محلی
appel (m) local	telefon-e dāxeli	تلفن داخلی
interurbain (adj)	beyn-e šahri	بین شهری
appel (m) interurbain	telefon-e beyn-e šahri	تلفن بین شهری
international (adj)	beynolmelali	بین المللی
appel (m) international	telefon-e beynolmelali	تلفن بین المللی

45. Le téléphone portable

portable (m)	telefon-e hamrāh	تلفن همراه
écran (m)	namāyešgar	نمایشگر
bouton (m)	dokme	دکمه
carte SIM (f)	sim-e kārt	سیم کارت
pile (f)	bātri	باطری
être déchargé	tamām šodan bātri	تمام شدن باتری
chargeur (m)	šāržer	شارژ
menu (m)	meno	منو
réglages (m pl)	tanzimāt	تنظیمات
mélodie (f)	āhang	آهنگ
sélectionner (vt)	entexāb kardan	انتخاب کردن
calculatrice (f)	māšin-e hesāb	ماشین حساب
répondeur (m)	monši-ye telefoni	منشی تلفنی
réveil (m)	sā'at-e zang dār	ساعت زنگ دار
contacts (m pl)	daftar-e telefon	دفتر تلفن
SMS (m)	payāmak	پیامک
abonné (m)	moštarek	مشترک

46. La papeterie

stylo (m) à bille	xodkār	خودکار
stylo (m) à plume	xodnevis	خودنویس
crayon (m)	medād	مداد
marqueur (m)	māžik	ماژیک
feutre (m)	māžik	ماژیک
bloc-notes (m)	daftar-e yāddāšt	دفتر یادداشت
agenda (m)	daftar-e yāddāšt	دفتر یادداشت

règle (f)	xat keš	خط کش
calculatrice (f)	māšin-e hesāb	ماشین حساب
gomme (f)	pāk kon	پاک کن
punaise (f)	punez	پونز
trombone (m)	gire	گیره

colle (f)	časb	چسب
agrafeuse (f)	mangane-ye zan	منگنه زن
perforateur (m)	pānč	پانچ
taille-crayon (m)	madād-e tarāš	مداد تراش

47. Les langues étrangères

langue (f)	zabān	زبان
étranger (adj)	xāreji	خارجی
langue (f) étrangère	zabān-e xāreji	زبان خارجی
étudier (vt)	dars xāndan	درس خواندن
apprendre (~ l'arabe)	yād gereftan	یاد گرفتن

lire (vi, vt)	xāndan	خواندن
parler (vi, vt)	harf zadan	حرف زدن
comprendre (vt)	fahmidan	فهمیدن
écrire (vt)	neveštan	نوشتن

vite (adv)	sariʿ	سریع
lentement (adv)	āheste	آهسته
couramment (adv)	ravān	روان

règles (f pl)	qavāʿed	قواعد
grammaire (f)	gerāmer	گرامر
vocabulaire (m)	vājegān	واژگان
phonétique (f)	āvā-šenāsi	آواشناسی

manuel (m)	ketāb-e darsi	کتاب درسی
dictionnaire (m)	farhang-e loqat	فرهنگ لغت
manuel (m) autodidacte	xod-āmuz	خودآموز
guide (m) de conversation	ketāb-e mokāleme	کتاب مکالمه

cassette (f)	kāst	کاست
cassette (f) vidéo	kāst-e video	کاست ویدئو
CD (m)	si-di	سیدی
DVD (m)	dey vey dey	دی وی دی

alphabet (m)	alefbā	الفبا
épeler (vt)	heji kardan	هجی کردن
prononciation (f)	talaffoz	تلفظ

accent (m)	lahje	لهجه
avec un accent	bā lahje	با لهجه
sans accent	bi lahje	بی لهجه

mot (m)	kalame	کلمه
sens (m)	maʿni	معنی
cours (m pl)	dowre	دوره

s'inscrire (vp)	nām-nevisi kardan	نام نویسی کردن
professeur (m) (~ d'anglais)	ostād	استاد
traduction (f) (action)	tarjome	ترجمه
traduction (f) (texte)	tarjome	ترجمه
traducteur (m)	motarjem	مترجم
interprète (m)	motarjem-e šafāhi	مترجم شفاهی
polyglotte (m)	čand zabāni	چند زبانی
mémoire (f)	hāfeze	حافظه

LES REPAS. LE RESTAURANT

48. Le dressage de la table

cuillère (f)	qāšoq	قاشق
couteau (m)	kārd	کارد
fourchette (f)	čangāl	چنگال
tasse (f)	fenjān	فنجان
assiette (f)	bošqāb	بشقاب
soucoupe (f)	na'lbeki	نعلبکی
serviette (f)	dastmāl	دستمال
cure-dent (m)	xelāl-e dandān	خلال دندان

49. Le restaurant

restaurant (m)	resturān	رستوران
salon (m) de café	kāfe	کافه
bar (m)	bār	بار
salon (m) de thé	qahve xāne	قهوه خانه
serveur (m)	pišxedmat	پیشخدمت
serveuse (f)	pišxedmat	پیشخدمت
barman (m)	motesaddi-ye bār	متصدی بار
carte (f)	meno	منو
carte (f) des vins	kārt-e šarāb	کارت شراب
réserver une table	miz rezerv kardan	میز رزرو کردن
plat (m)	qazā	غذا
commander (vt)	sefāreš dādan	سفارش دادن
faire la commande	sefāreš dādan	سفارش دادن
apéritif (m)	mašrub-e piš qazā	مشروب پیش غذا
hors-d'œuvre (m)	piš qazā	پیش غذا
dessert (m)	deser	دسر
addition (f)	surat hesāb	صورت حساب
régler l'addition	surat-e hesāb rā pardāxtan	صورت حساب را پرداختن
rendre la monnaie	baqiye rā dādan	بقیه را دادن
pourboire (m)	an'ām	انعام

50. Les repas

nourriture (f)	qazā	غذا
manger (vi, vt)	xordan	خوردن

petit déjeuner (m)	sobhāne	صبحانه
prendre le petit déjeuner	sobhāne xordan	صبحانه خوردن
déjeuner (m)	nāhār	ناهار
déjeuner (vi)	nāhār xordan	ناهار خوردن
dîner (m)	šām	شام
dîner (vi)	šām xordan	شام خوردن

| appétit (m) | eštehā | اشتها |
| Bon appétit! | nuš-e jān | نوش جان |

ouvrir (vt)	bāz kardan	باز کردن
renverser (liquide)	rixtan	ریختن
se renverser (liquide)	rixtan	ریختن

bouillir (vi)	jušidan	جوشیدن
faire bouillir	jušāndan	جوشاندن
bouilli (l'eau ~e)	jušide	جوشیده
refroidir (vt)	sard kardan	سرد کردن
se refroidir (vp)	sard šodan	سرد شدن

| goût (m) | maze | مزه |
| arrière-goût (m) | maze | مزه |

suivre un régime	lāqar kardan	لاغر کردن
régime (m)	režim	رژیم
vitamine (f)	vitāmin	ویتامین
calorie (f)	kālori	کالری
végétarien (m)	giyāh xār	گیاه خوار
végétarien (adj)	giyāh xāri	گیاه خواری

lipides (m pl)	čarbi-hā	چربی ها
protéines (f pl)	porotein	پروتئین
glucides (m pl)	karbohidrāt-hā	کربو هیدرات ها

tranche (f)	qet'e	قطعه
morceau (m)	tekke	تکه
miette (f)	zarre	ذره

51. Les plats cuisinés

plat (m)	qazā	غذا
cuisine (f)	qazā	غذا
recette (f)	dastur-e poxt	دستور پخت
portion (f)	pors	پرس

| salade (f) | sālād | سالاد |
| soupe (f) | sup | سوپ |

bouillon (m)	pāye-ye sup	پایه سوپ
sandwich (m)	sāndevič	ساندویچ
les œufs brouillés	nimru	نیمرو

| hamburger (m) | hamberger | همبرگر |
| steak (m) | esteyk | استیک |

garniture (f)	moxallafāt	مخلفات
spaghettis (m pl)	espāgeti	اسپاگتی
purée (f)	pure-ye sibi zamini	پورۀ سیب زمینی
pizza (f)	pitzā	پیتزا
bouillie (f)	šurbā	شوربا
omelette (f)	ommol-at	املت

cuit à l'eau (adj)	āb paz	آب پز
fumé (adj)	dudi	دودی
frit (adj)	sorx šode	سرخ شده
sec (adj)	xošk	خشک
congelé (adj)	yax zade	یخ زده
mariné (adj)	torši	ترشی

sucré (adj)	širin	شیرین
salé (adj)	šur	شور
froid (adj)	sard	سرد
chaud (adj)	dāq	داغ
amer (adj)	talx	تلخ
bon (savoureux)	xoš mazze	خوش مزه

cuire à l'eau	poxtan	پختن
préparer (le dîner)	poxtan	پختن
faire frire	sorx kardan	سرخ کردن
réchauffer (vt)	garm kardan	گرم کردن

saler (vt)	namak zadan	نمک زدن
poivrer (vt)	felfel pāšidan	فلفل پاشیدن
râper (vt)	rande kardan	رنده کردن
peau (f)	pust	پوست
éplucher (vt)	pust kandan	پوست کندن

52. Les aliments

viande (f)	gušt	گوشت
poulet (m)	morq	مرغ
poulet (m) (poussin)	juje	جوجه
canard (m)	ordak	اردک
oie (f)	qāz	غاز
gibier (m)	gušt-e šekār	گوشت شکار
dinde (f)	gušt-e buqalamun	گوشت بوقلمون

du porc	gušt-e xuk	گوشت خوک
du veau	gušt-e gusāle	گوشت گوساله
du mouton	gušt-e gusfand	گوشت گوسفند
du bœuf	gušt-e gāv	گوشت گاو
lapin (m)	xarguš	خرگوش

saucisson (m)	kālbās	کالباس
saucisse (f)	sosis	سوسیس
bacon (m)	beykon	بیکن
jambon (m)	žāmbon	ژامبون
cuisse (f)	rān xuk	ران خوک
pâté (m)	pāte	پاته

foie (m)	jegar	جگر
farce (f)	hamberger	همبرگر
langue (f)	zabān	زبان
œuf (m)	toxm-e morq	تخم مرغ
les œufs	toxm-e morq-ha	تخم مرغ ها
blanc (m) d'œuf	sefide-ye toxm-e morq	سفیده تخم مرغ
jaune (m) d'œuf	zarde-ye toxm-e morq	زرده تخم مرغ
poisson (m)	māhi	ماهی
fruits (m pl) de mer	qazā-ye daryāyi	غذای دریایی
crustacés (m pl)	saxtpustān	سختپوستان
caviar (m)	xāviār	خاویار
crabe (m)	xarčang	خرچنگ
crevette (f)	meygu	میگو
huître (f)	sadaf-e xorāki	صدف خوراکی
langoustine (f)	xarčang-e xārdār	خرچنگ خاردار
poulpe (m)	hašt pā	هشت پا
calamar (m)	māhi-ye morakkab	ماهی مرکب
esturgeon (m)	māhi-ye xāviār	ماهی خاویار
saumon (m)	māhi-ye salemon	ماهی سالمون
flétan (m)	halibut	هالیبوت
morue (f)	māhi-ye rowqan	ماهی روغن
maquereau (m)	māhi-ye esqumeri	ماهی اسقومری
thon (m)	tan māhi	تن ماهی
anguille (f)	mārmāhi	مارماهی
truite (f)	māhi-ye qezelālā	ماهی قزل آلا
sardine (f)	sārdin	ساردین
brochet (m)	ordak māhi	اردک ماهی
hareng (m)	māhi-ye šur	ماهی شور
pain (m)	nān	نان
fromage (m)	panir	پنیر
sucre (m)	qand	قند
sel (m)	namak	نمک
riz (m)	berenj	برنج
pâtes (m pl)	mākāroni	ماکارونی
nouilles (f pl)	rešte-ye farangi	رشته فرنگی
beurre (m)	kare	کره
huile (f) végétale	rowqan-e nabāti	روغن نباتی
huile (f) de tournesol	rowqan āftābgardān	روغن آفتاب گردان
margarine (f)	mārgārin	مارگارین
olives (f pl)	zeytun	زیتون
huile (f) d'olive	rowqan-e zeytun	روغن زیتون
lait (m)	šir	شیر
lait (m) condensé	šir-e čegāl	شیر چگال
yogourt (m)	mās-at	ماست
crème (f) aigre	xāme-ye torš	خامۀ ترش

crème (f) (de lait)	saršir	سرشیر
sauce (f) mayonnaise	māyonez	مایونز
crème (f) au beurre	xāme	خامه
gruau (m)	hobubāt	حبوبات
farine (f)	ārd	آرد
conserves (f pl)	konserv-hā	کنسرو ها
pétales (m pl) de maïs	bereštuk	برشتوک
miel (m)	asal	عسل
confiture (f)	morabbā	مربا
gomme (f) à mâcher	ādāms	آدامس

53. Les boissons

eau (f)	āb	آب
eau (f) potable	āb-e āšāmidani	آب آشامیدنی
eau (f) minérale	āb-e ma'dani	آب معدنی
plate (adj)	bedun-e gāz	بدون گاز
gazeuse (l'eau ~)	gāzdār	گازدار
pétillante (adj)	gāzdār	گازدار
glace (f)	yax	یخ
avec de la glace	yax dār	یخ دار
sans alcool	bi alkol	بی الکل
boisson (f) non alcoolisée	nušābe-ye bi alkol	نوشابهٔ بی الکل
rafraîchissement (m)	nušābe-ye xonak	نوشابهٔ خنک
limonade (f)	limunād	لیموناد
boissons (f pl) alcoolisées	mašrubāt-e alkoli	مشروبات الکلی
vin (m)	šarāb	شراب
vin (m) blanc	šarāb-e sefid	شراب سفید
vin (m) rouge	šarāb-e sorx	شراب سرخ
liqueur (f)	likor	لیکور
champagne (m)	šāmpāyn	شامپاین
vermouth (m)	vermut	ورموت
whisky (m)	viski	ویسکی
vodka (f)	vodkā	ودکا
gin (m)	jin	جین
cognac (m)	konyāk	کنیاک
rhum (m)	araq-e neyšekar	عرق نیشکر
café (m)	qahve	قهوه
café (m) noir	qahve-ye talx	قهوهٔ تلخ
café (m) au lait	šir-qahve	شیرقهوه
cappuccino (m)	kāpočino	کاپوچینو
café (m) soluble	qahve-ye fowri	قهوه فوری
lait (m)	šir	شیر
cocktail (m)	kuktel	کوکتل
cocktail (m) au lait	kuktele šir	کوکتل شیر

jus (m)	āb-e mive	آب میوه
jus (m) de tomate	āb-e gowjefarangi	آب گوجه فرنگی
jus (m) d'orange	āb-e porteqāl	آب پرتقال
jus (m) pressé	āb-e mive-ye taze	آب میوۀ تازه
bière (f)	ābejow	آبجو
bière (f) blonde	ābejow-ye sabok	آبجوی سبک
bière (f) brune	ābejow-ye tire	آبجوی تیره
thé (m)	čāy	چای
thé (m) noir	čāy-e siyāh	چای سیاه
thé (m) vert	čāy-e sabz	چای سبز

54. Les légumes

légumes (m pl)	sabzijāt	سبزیجات
verdure (f)	sabzi	سبزی
tomate (f)	gowje farangi	گوجه فرنگی
concombre (m)	xiyār	خیار
carotte (f)	havij	هویج
pomme (f) de terre	sib zamini	سیب زمینی
oignon (m)	piyāz	پیاز
ail (m)	sir	سیر
chou (m)	kalam	کلم
chou-fleur (m)	gol kalam	گل کلم
chou (m) de Bruxelles	koll-am boruksel	کلم بروکسل
brocoli (m)	kalam borokli	کلم بروکلی
betterave (f)	čoqondar	چغندر
aubergine (f)	bādenjān	بادنجان
courgette (f)	kadu sabz	کدو سبز
potiron (m)	kadu tanbal	کدو تنبل
navet (m)	šalqam	شلغم
persil (m)	ja'fari	جعفری
fenouil (m)	šavid	شوید
laitue (f) (salade)	kāhu	کاهو
céleri (m)	karafs	کرفس
asperge (f)	mārčube	مارچوبه
épinard (m)	esfenāj	اسفناج
pois (m)	noxod	نخود
fèves (f pl)	lubiyā	لوبیا
maïs (m)	zorrat	ذرت
haricot (m)	lubiyā qermez	لوبیا قرمز
poivron (m)	felfel	فلفل
radis (m)	torobče	تربچه
artichaut (m)	kangar farangi	کنگرفرنگی

55. Les fruits. Les noix

fruit (m)	mive	میوه
pomme (f)	sib	سیب
poire (f)	golābi	گلابی
citron (m)	limu	لیمو
orange (f)	porteqāl	پرتقال
fraise (f)	tut-e farangi	توت فرنگی
mandarine (f)	nārengi	نارنگی
prune (f)	ālu	آلو
pêche (f)	holu	هلو
abricot (m)	zardālu	زردآلو
framboise (f)	tamešk	تمشک
ananas (m)	ānānās	آناناس
banane (f)	mowz	موز
pastèque (f)	hendevāne	هندوانه
raisin (m)	angur	انگور
cerise (f)	ālbālu	آلبالو
merise (f)	gilās	گیلاس
melon (m)	xarboze	خربزه
pamplemousse (m)	gerip forut	گریپ فوروت
avocat (m)	āvokādo	اووکادو
papaye (f)	pāpāyā	پاپایا
mangue (f)	anbe	انبه
grenade (f)	anār	انار
groseille (f) rouge	angur-e farangi-ye sorx	انگور فرنگی سرخ
cassis (m)	angur-e farangi-ye siyāh	انگور فرنگی سیاه
groseille (f) verte	angur-e farangi	انگور فرنگی
myrtille (f)	zoqāl axte	زغال اخته
mûre (f)	šāh tut	شاه توت
raisin (m) sec	kešmeš	کشمش
figue (f)	anjir	انجیر
datte (f)	xormā	خرما
cacahuète (f)	bādām zamin-i	بادام زمینی
amande (f)	bādām	بادام
noix (f)	gerdu	گردو
noisette (f)	fandoq	فندق
noix (f) de coco	nārgil	نارگیل
pistaches (f pl)	peste	پسته

56. Le pain. Les confiseries

confiserie (f)	širini jāt	شیرینی جات
pain (m)	nān	نان
biscuit (m)	biskuit	بیسکویت
chocolat (m)	šokolāt	شکلات
en chocolat (adj)	šokolāti	شکلاتی

bonbon (m)	āb nabāt	آب نبات
gâteau (m), pâtisserie (f)	nān-e širini	نان شیرینی
tarte (f)	širini	شیرینی

| gâteau (m) | keyk | کیک |
| garniture (f) | čāšni | چاشنی |

confiture (f)	morabbā	مربا
marmelade (f)	mārmālād	مارمالاد
gaufre (f)	vāfel	وافل
glace (f)	bastani	بستنی
pudding (m)	puding	پودینگ

57. Les épices

sel (m)	namak	نمک
salé (adj)	šur	شور
saler (vt)	namak zadan	نمک زدن

poivre (m) noir	felfel-e siyāh	فلفل سیاه
poivre (m) rouge	felfel-e sorx	فلفل سرخ
moutarde (f)	xardal	خردل
raifort (m)	torob-e kuhi	ترب کوهی

condiment (m)	adviye	ادویه
épice (f)	adviye	ادویه
sauce (f)	ses	سس
vinaigre (m)	serke	سرکه

anis (m)	rāziyāne	رازیانه
basilic (m)	reyhān	ریحان
clou (m) de girofle	mixak	میخک
gingembre (m)	zanjefil	زنجفیل
coriandre (m)	gešniz	گشنیز
cannelle (f)	dārčin	دارچین

sésame (m)	konjed	کنجد
feuille (f) de laurier	barg-e bu	برگ بو
paprika (m)	paprika	پاپریکا
cumin (m)	zire	زیره
safran (m)	za'ferān	زعفران

LES DONNÉES PERSONNELLES. LA FAMILLE

58. Les données personnelles. Les formulaires

prénom (m)	esm	اسم
nom (m) de famille	nām-e xānevādegi	نام خانوادگی
date (f) de naissance	tārix-e tavallod	تاریخ تولد
lieu (m) de naissance	mahall-e tavallod	محل تولد
nationalité (f)	melliyat	ملیت
domicile (m)	mahall-e sokunat	محل سکونت
pays (m)	kešvar	کشور
profession (f)	šoql	شغل
sexe (m)	jens	جنس
taille (f)	qad	قد
poids (m)	vazn	وزن

59. La famille. Les liens de parenté

mère (f)	mādar	مادر
père (m)	pedar	پدر
fils (m)	pesar	پسر
fille (f)	doxtar	دختر
fille (f) cadette	doxtar-e kučak	دختر کوچک
fils (m) cadet	pesar-e kučak	پسر کوچک
fille (f) aînée	doxtar-e bozorg	دختر بزرگ
fils (m) aîné	pesar-e bozorg	پسر بزرگ
frère (m)	barādar	برادر
frère (m) aîné	barādar-e bozorg	برادر بزرگ
frère (m) cadet	barādar-e kučak	برادر کوچک
sœur (f)	xāhar	خواهر
sœur (f) aînée	xāhar-e bozorg	خواهر بزرگ
sœur (f) cadette	xāhar-e kučak	خواهر کوچک
cousin (m)	pesar 'amu	پسر عمو
cousine (f)	doxtar amu	دختر عمو
maman (f)	māmān	مامان
papa (m)	bābā	بابا
parents (m pl)	vāledeyn	والدین
enfant (m, f)	kudak	کودک
enfants (pl)	bače-hā	بچه ها
grand-mère (f)	mādarbozorg	مادربزرگ
grand-père (m)	pedar-bozorg	پدربزرگ

petit-fils (m)	nave	نوه
petite-fille (f)	nave	نوه
petits-enfants (pl)	nave-hā	نوه ها

oncle (m)	amu	عمو
tante (f)	xāle yā amme	خاله یا عمه
neveu (m)	barādar-zāde	برادرزاده
nièce (f)	xāhar-zāde	خواهرزاده

belle-mère (f)	mādarzan	مادرزن
beau-père (m)	pedar-šowhar	پدرشوهر
gendre (m)	dāmād	داماد
belle-mère (f)	nāmādari	نامادری
beau-père (m)	nāpedari	ناپدری

nourrisson (m)	nowzād	نوزاد
bébé (m)	širxār	شیرخوار
petit (m)	pesar-e kučulu	پسر کوچولو

femme (f)	zan	زن
mari (m)	šowhar	شوهر
époux (m)	hamsar	همسر
épouse (f)	hamsar	همسر

marié (adj)	mote'ahhel	متاهل
mariée (adj)	mote'ahhel	متاهل
célibataire (adj)	mojarrad	مجرد
célibataire (m)	mojarrad	مجرد
divorcé (adj)	talāq gerefte	طلاق گرفته
veuve (f)	bive zan	بیوه زن
veuf (m)	bive	بیوه

parent (m)	xišāvand	خویشاوند
parent (m) proche	aqvām-e nazdik	اقوام نزدیک
parent (m) éloigné	aqvām-e dur	اقوام دور
parents (m pl)	aqvām	اقوام

orphelin (m), orpheline (f)	yatim	یتیم
tuteur (m)	qayyem	قیم
adopter (un garçon)	be pesari gereftan	به پسری گرفتن
adopter (une fille)	be doxtari gereftan	به دختری گرفتن

60. Les amis. Les collègues

ami (m)	dust	دوست
amie (f)	dust	دوست
amitié (f)	dusti	دوستی
être ami	dust budan	دوست بودن

copain (m)	rafiq	رفیق
copine (f)	rafiq	رفیق
partenaire (m)	šarik	شریک
chef (m)	ra'is	رئیس
supérieur (m)	ra'is	رئیس

propriétaire (m)	sāheb	صاحب
subordonné (m)	zirdast	زیردست
collègue (m, f)	hamkār	همکار
connaissance (f)	āšnā	آشنا
compagnon (m) de route	hamsafar	همسفر
copain (m) de classe	ham kelās	هم کلاس
voisin (m)	hamsāye	همسایه
voisine (f)	hamsāye	همسایه
voisins (m pl)	hamsāye-hā	همسایه ها

LE CORPS HUMAIN. LES MÉDICAMENTS

61. La tête

tête (f)	sar	سر
visage (m)	surat	صورت
nez (m)	bini	بینی
bouche (f)	dahān	دهان
œil (m)	češm	چشم
les yeux	češm-hā	چشم ها
pupille (f)	mardomak	مردمک
sourcil (m)	abru	ابرو
cil (m)	može	مژه
paupière (f)	pelek	پلک
langue (f)	zabān	زبان
dent (f)	dandān	دندان
lèvres (f pl)	lab-hā	لب ها
pommettes (f pl)	ostexānhā-ye gune	استخوان های گونه
gencive (f)	lase	لثه
palais (m)	saqf-e dahān	سقف دهان
narines (f pl)	surāxhā-ye bini	سوراخ های بینی
menton (m)	čāne	چانه
mâchoire (f)	fak	فک
joue (f)	gune	گونه
front (m)	pišāni	پیشانی
tempe (f)	gijgāh	گیجگاه
oreille (f)	guš	گوش
nuque (f)	pas gardan	پس گردن
cou (m)	gardan	گردن
gorge (f)	galu	گلو
cheveux (m pl)	mu-hā	مو ها
coiffure (f)	model-e mu	مدل مو
coupe (f)	model-e mu	مدل مو
perruque (f)	kolāh-e gis	کلاه گیس
moustache (f)	sebil	سبیل
barbe (f)	riš	ریش
porter (~ la barbe)	gozāštan	گذاشتن
tresse (f)	muy-ye bāfte	موی بافته
favoris (m pl)	xatt-e riš	خط ریش
roux (adj)	muqermez	موقرمز
gris, grisonnant (adj)	sefid-e mu	سفید مو
chauve (adj)	tās	طاس
calvitie (f)	tāsi	طاسی

| queue (f) de cheval | dom-e asbi | دم اسبی |
| frange (f) | čatri | چتری |

62. Le corps humain

| main (f) | dast | دست |
| bras (m) | bāzu | بازو |

doigt (m)	angošt	انگشت
orteil (m)	šast-e pā	شصت پا
pouce (m)	šost	شست
petit doigt (m)	angošt-e kučak	انگشت کوچک
ongle (m)	nāxon	ناخن

poing (m)	mošt	مشت
paume (f)	kaf-e dast	کف دست
poignet (m)	moč-e dast	مچ دست
avant-bras (m)	sā'ed	ساعد
coude (m)	āranj	آرنج
épaule (f)	ketf	کتف

jambe (f)	pā	پا
pied (m)	pā	پا
genou (m)	zānu	زانو
mollet (m)	sāq	ساق
hanche (f)	rān	ران
talon (m)	pāšne-ye pā	پاشنهٔ پا

corps (m)	badan	بدن
ventre (m)	šekam	شکم
poitrine (f)	sine	سینه
sein (m)	sine	سینه
côté (m)	pahlu	پهلو
dos (m)	pošt	پشت
reins (région lombaire)	kamar	کمر
taille (f) (~ de guêpe)	dur-e kamar	دور کمر

nombril (m)	nāf	ناف
fesses (f pl)	nešiman-e gāh	نشیمن گاه
derrière (m)	bāsan	باسن

grain (m) de beauté	xāl	خال
tache (f) de vin	xāl-e mādarzād	خال مادرزاد
tatouage (m)	xāl kubi	خال کوبی
cicatrice (f)	jā-ye zaxm	جای زخم

63. Les maladies

maladie (f)	bimāri	بیماری
être malade	bimār budan	بیمار بودن
santé (f)	salāmati	سلامتی
rhume (m) (coryza)	āb-e rizeš-e bini	آب ریزش بینی

angine (f)	varam-e lowze	ورم لوزه
refroidissement (m)	sarmā xordegi	سرما خوردگی
prendre froid	sarmā xordan	سرما خوردن
bronchite (f)	boronšit	برنشیت
pneumonie (f)	zātorrie	ذات الریه
grippe (f)	ānfolānzā	آنفولانزا
myope (adj)	nazdik bin	نزدیک بین
presbyte (adj)	durbin	دوربین
strabisme (m)	enherāf-e čašm	انحراف چشم
strabique (adj)	luč	لوچ
cataracte (f)	āb morvārid	آب مروارید
glaucome (m)	ab-e siyāh	آب سیاه
insulte (f)	sekte-ye maqzi	سکته مغزی
crise (f) cardiaque	sekte-ye qalbi	سکته قلبی
infarctus (m) de myocarde	ānfārktus	آنفارکتوس
paralysie (f)	falaji	فلجی
paralyser (vt)	falj kardan	فلج کردن
allergie (f)	ālerži	آلرژی
asthme (m)	āsm	آسم
diabète (m)	diyābet	دیابت
mal (m) de dents	dandān-e dard	دندان درد
carie (f)	pusidegi	پوسیدگی
diarrhée (f)	eshāl	اسهال
constipation (f)	yobusat	یبوست
estomac (m) barbouillé	nārāhati-ye me'de	ناراحتی معده
intoxication (f) alimentaire	masmumiyat	مسمومیت
être intoxiqué	masmum šodan	مسموم شدن
arthrite (f)	varam-e mafāsel	ورم مفاصل
rachitisme (m)	rāšitism	راشیتیسم
rhumatisme (m)	romātism	روماتیسم
athérosclérose (f)	tasallob-e šarāin	تصلب شرائین
gastrite (f)	varam-e me'de	ورم معده
appendicite (f)	āpāndisit	آپاندیسیت
cholécystite (f)	eltehāb-e kise-ye safrā	التهاب کیسه صفرا
ulcère (m)	zaxm	زخم
rougeole (f)	sorxak	سرخک
rubéole (f)	sorxje	سرخجه
jaunisse (f)	yaraqān	یرقان
hépatite (f)	hepātit	هپاتیت
schizophrénie (f)	šizoferni	شیزوفرنی
rage (f) (hydrophobie)	hāri	هاری
névrose (f)	extelāl-e a'sāb	اختلال اعصاب
commotion (f) cérébrale	zarbe-ye maqzi	ضربه مغزی
cancer (m)	saratān	سرطان
sclérose (f)	eskeleroz	اسکلروز

sclérose (f) en plaques	eskeleroz čandgāne	اسکلروز چندگانه
alcoolisme (m)	alkolism	الکلیسم
alcoolique (m)	alkoli	الکلی
syphilis (f)	siflis	سیفلیس
SIDA (m)	eydz	ایدز
tumeur (f)	tumor	تومور
maligne (adj)	bad xim	بد خیم
bénigne (adj)	xoš xim	خوش خیم
fièvre (f)	tab	تب
malaria (f)	mālāriyā	مالاریا
gangrène (f)	qānqāriyā	قانقاریا
mal (m) de mer	daryā-zadegi	دریازدگی
épilepsie (f)	sar'	صرع
épidémie (f)	epidemi	اپیدمی
typhus (m)	hasbe	حصبه
tuberculose (f)	sel	سل
choléra (m)	vabā	وبا
peste (f)	tā'un	طاعون

64. Les symptômes. Le traitement. Partie 1

symptôme (m)	alāem-e bimārl	علائم بیماری
température (f)	damā	دما
fièvre (f)	tab	تب
pouls (m)	nabz	نبض
vertige (m)	sargije	سرگیجه
chaud (adj)	dāq	داغ
frisson (m)	ra'še	رعشه
pâle (adj)	rang paride	رنگ پریده
toux (f)	sorfe	سرفه
tousser (vi)	sorfe kardan	سرفه کردن
éternuer (vi)	atse kardan	عطسه کردن
évanouissement (m)	qaš	غش
s'évanouir (vp)	qaš kardan	غش کردن
bleu (m)	kabudi	کبودی
bosse (f)	barāmadegi	برآمدگی
se heurter (vp)	barxord kardan	برخورد کردن
meurtrissure (f)	kuftegi	کوفتگی
se faire mal	zarb didan	ضرب دیدن
boiter (vi)	langidan	لنگیدن
foulure (f)	dar raftegi	دررفتگی
se démettre (l'épaule, etc.)	dar raftan	دررفتن
fracture (f)	šekastegi	شکستگی
avoir une fracture	dočār-e šekastegi šodan	دچار شکستگی شدن
coupure (f)	boridegi	بریدگی
se couper (~ le doigt)	boridan	بریدن

hémorragie (f)	xunrizi	خونریزی
brûlure (f)	suxtegi	سوختگی
se brûler (vp)	dočār-e suxtegi šodan	دچار سوختگی شدن

se piquer (le doigt)	surāx kardan	سوراخ کردن
se piquer (vp)	surāx kardan	سوراخ کردن
blesser (vt)	āsib resāndan	آسیب رساندن
blessure (f)	zaxm	زخم
plaie (f) (blessure)	zaxm	زخم
trauma (m)	zarbe	ضربه

délirer (vi)	hazyān goftan	هذیان گفتن
bégayer (vi)	loknat dāštan	لکنت داشتن
insolation (f)	āftāb-zadegi	آفتابزدگی

65. Les symptômes. Le traitement. Partie 2

douleur (f)	dard	درد
écharde (f)	xār	خار

sueur (f)	araq	عرق
suer (vi)	araq kardan	عرق کردن
vomissement (m)	estefrāq	استفراغ
spasmes (m pl)	tašannoj	تشنج

enceinte (adj)	bārdār	باردار
naître (vi)	motevalled šodan	متولد شدن
accouchement (m)	vazʿ-e haml	وضع حمل
accoucher (vi)	be donyā āvardan	به دنیا آوردن
avortement (m)	seqt-e janin	سقط جنین

respiration (f)	tanaffos	تنفس
inhalation (f)	estenšāq	استنشاق
expiration (f)	bāzdam	بازدم
expirer (vi)	bāzdamidan	بازدمیدن
inspirer (vi)	nafas kešidan	نفس کشیدن

invalide (m)	maʿlul	معلول
handicapé (m)	falaj	فلج
drogué (m)	moʿtād	معتاد

sourd (adj)	kar	کر
muet (adj)	lāl	لال
sourd-muet (adj)	kar-o lāl	کر و لال

fou (adj)	divāne	دیوانه
fou (m)	divāne	دیوانه
folle (f)	divāne	دیوانه
devenir fou	divāne šodan	دیوانه شدن

gène (m)	žen	ژن
immunité (f)	masuniyat	مصونیت
héréditaire (adj)	mowrusi	موروثی
congénital (adj)	mādarzād	مادرزاد

virus (m)	virus	ویروس
microbe (m)	mikrob	میکروب
bactérie (f)	bākteri	باکتری
infection (f)	ofunat	عفونت

66. Les symptômes. Le traitement. Partie 3

hôpital (m)	bimārestān	بیمارستان
patient (m)	bimār	بیمار
diagnostic (m)	tašxis	تشخیص
cure (f) (faire une ~)	mo'āleje	معالجه
traitement (m)	darmān	درمان
se faire soigner	darmān šodan	درمان شدن
traiter (un patient)	mo'āleje kardan	معالجه کردن
soigner (un malade)	parastāri kardan	پرستاری کردن
soins (m pl)	parastāri	پرستاری
opération (f)	amal-e jarrāhi	عمل جراحی
panser (vt)	pānsemān kardan	پانسمان کردن
pansement (m)	pānsemān	پانسمان
vaccination (f)	vāksināsyon	واکسیناسیون
vacciner (vt)	vāksine kardan	واکسینه کردن
piqûre (f)	tazriq	تزریق
faire une piqûre	tazriq kardan	تزریق کردن
crise, attaque (f)	hamle	حمله
amputation (f)	qat'-e ozv	قطع عضو
amputer (vt)	qat' kardan	قطع کردن
coma (m)	komā	کما
être dans le coma	dar komā budan	در کما بودن
réanimation (f)	morāqebat-e viže	مراقبت ویژه
se rétablir (vp)	behbud yāftan	بهبود یافتن
état (m) (de santé)	hālat	حالت
conscience (f)	huš	هوش
mémoire (f)	hāfeze	حافظه
arracher (une dent)	dandān kešidan	دندان کشیدن
plombage (m)	por kardan	پر کردن
plomber (vt)	por kardan	پر کردن
hypnose (f)	hipnotizm	هیپنوتیزم
hypnotiser (vt)	hipnotizm kardan	هیپنوتیزم کردن

67. Les médicaments. Les accessoires

médicament (m)	dāru	دارو
remède (m)	darmān	درمان
prescrire (vt)	tajviz kardan	تجویز کردن
ordonnance (f)	nosxe	نسخه

comprimé (m)	qors	قرص
onguent (m)	pomād	پماد
ampoule (f)	āmpul	آمپول
mixture (f)	šarbat	شربت
sirop (m)	šarbat	شربت
pilule (f)	kapsul	کپسول
poudre (f)	pudr	پودر
bande (f)	bānd	باند
coton (m) (ouate)	panbe	پنبه
iode (m)	yod	ید
sparadrap (m)	časb-e zaxm	چسب زخم
compte-gouttes (m)	qatre čekān	قطره چکان
thermomètre (m)	damāsanj	دماسنج
seringue (f)	sorang	سرنگ
fauteuil (m) roulant	vilčer	ویلچر
béquilles (f pl)	čub zir baqal	چوب زیر بغل
anesthésique (m)	mosaken	مسکن
purgatif (m)	moshel	مسهل
alcool (m)	alkol	الکل
herbe (f) médicinale	giyāhān-e dāruyi	گیاهان دارویی
d'herbes (adj)	giyāhi	گیاهی

L'APPARTEMENT

68. L'appartement

appartement (m)	āpārtemān	آپارتمان
chambre (f)	otāq	اتاق
chambre (f) à coucher	otāq-e xāb	اتاق خواب
salle (f) à manger	otāq-e qazāxori	اتاق غذاخوری
salon (m)	mehmānxāne	مهمانخانه
bureau (m)	daftar	دفتر
antichambre (f)	tālār-e vorudi	تالار ورودی
salle (f) de bains	hammām	حمام
toilettes (f pl)	tuālet	توالت
plafond (m)	saqf	سقف
plancher (m)	kaf	کف
coin (m)	guše	گوشه

69. Les meubles. L'intérieur

meubles (m pl)	mobl	مبل
table (f)	miz	میز
chaise (f)	sandali	صندلی
lit (m)	taxt-e xāb	تخت خواب
canapé (m)	kānāpe	کاناپه
fauteuil (m)	mobl-e rāhati	مبل راحتی
bibliothèque (f) (meuble)	qafase-ye ketāb	قفسه کتاب
rayon (m)	qafase	قفسه
armoire (f)	komod	کمد
patère (f)	raxt āviz	رخت آویز
portemanteau (m)	čub lebāsi	چوب لباسی
commode (f)	komod	کمد
table (f) basse	miz-e pišdasti	میز پیشدستی
miroir (m)	āyene	آینه
tapis (m)	farš	فرش
petit tapis (m)	qāliče	قالیچه
cheminée (f)	šumine	شومینه
bougie (f)	šam'	شمع
chandelier (m)	šam'dān	شمعدان
rideaux (m pl)	parde	پرده
papier (m) peint	kāqaz-e divāri	کاغذ دیواری

jalousie (f)	kerkere	کرکره
lampe (f) de table	čerāq-e rumizi	چراغ رومیزی
applique (f)	čerāq-e divāri	چراغ دیواری
lampadaire (m)	ābāžur	آباژور
lustre (m)	luster	لوستر

pied (m) (~ de la table)	pāye	پایه
accoudoir (m)	daste-ye sandali	دستهٔ صندلی
dossier (m)	pošti	پشتی
tiroir (m)	kešow	کشو

70. La literie

linge (m) de lit	raxt-e xāb	رخت خواب
oreiller (m)	bālešt	بالشت
taie (f) d'oreiller	rubalešt	روبالشت
couverture (f)	patu	پتو
drap (m)	malāfe	ملافه
couvre-lit (m)	rutaxti	روتختی

71. La cuisine

cuisine (f)	āšpazxāne	آشپزخانه
gaz (m)	gāz	گاز
cuisinière (f) à gaz	ojāgh-e gāz	اجاق گاز
cuisinière (f) électrique	ojāgh-e barghi	اجاق برقی
four (m)	fer	فر
four (m) micro-ondes	māykrofer	مایکروفر

réfrigérateur (m)	yaxčāl	یخچال
congélateur (m)	fereyzer	فریزر
lave-vaisselle (m)	māšin-e zarfšuyi	ماشین ظرفشویی

hachoir (m) à viande	čarx-e gušt	چرخ گوشت
centrifugeuse (f)	ābmive giri	آبمیوه گیری
grille-pain (m)	towster	توستر
batteur (m)	maxlut kon	مخلوط کن

machine (f) à café	qahve sāz	قهوه ساز
cafetière (f)	qahve juš	قهوه جوش
moulin (m) à café	āsiyāb-e qahve	آسیاب قهوه

bouilloire (f)	ketri	کتری
théière (f)	quri	قوری
couvercle (m)	sarpuš	سرپوش
passoire (f) à thé	čāy sāf kon	چای صاف کن

cuillère (f)	qāšoq	قاشق
petite cuillère (f)	qāšoq čāy xori	قاشق چای خوری
cuillère (f) à soupe	qāšoq sup xori	قاشق سوپ خوری
fourchette (f)	čangāl	چنگال
couteau (m)	kārd	کارد

vaisselle (f)	zoruf	ظروف
assiette (f)	bošqāb	بشقاب
soucoupe (f)	na'lbeki	نعلبکی
verre (m) à shot	gilās-e vodkā	گیلاس ودکا
verre (m) (~ d'eau)	estekān	استکان
tasse (f)	fenjān	فنجان
sucrier (m)	qandān	قندان
salière (f)	namakdān	نمکدان
poivrière (f)	felfeldān	فلفلدان
beurrier (m)	zarf-e kare	ظرف کره
casserole (f)	qāblame	قابلمه
poêle (f)	tābe	تابه
louche (f)	malāqe	ملاقه
passoire (f)	ābkeš	آبکش
plateau (m)	sini	سینی
bouteille (f)	botri	بطری
bocal (m) (à conserves)	šiše	شیشه
boîte (f) en fer-blanc	quti	قوطی
ouvre-bouteille (m)	dar bāz kon	در بازکن
ouvre-boîte (m)	dar bāz kon	در بازکن
tire-bouchon (m)	dar bāz kon	در بازکن
filtre (m)	filter	فیلتر
filtrer (vt)	filter kardan	فیلتر کردن
ordures (f pl)	āšqāl	آشغال
poubelle (f)	satl-e zobāle	سطل زباله

72. La salle de bains

salle (f) de bains	hammām	حمام
eau (f)	āb	آب
robinet (m)	šir	شیر
eau (f) chaude	āb-e dāq	آب داغ
eau (f) froide	āb-e sard	آب سرد
dentifrice (m)	xamir-e dandān	خمیر دندان
se brosser les dents	mesvāk zadan	مسواک زدن
brosse (f) à dents	mesvāk	مسواک
se raser (vp)	riš tarāšidan	ریش تراشیدن
mousse (f) à raser	xamir-e eslāh	خمیر اصلاح
rasoir (m)	tiq	تیغ
laver (vt)	šostan	شستن
se laver (vp)	hamām kardan	حمام کردن
douche (f)	duš	دوش
prendre une douche	duš gereftan	دوش گرفتن
baignoire (f)	vān hammām	وان حمام
cuvette (f)	tuālet-e farangi	توالت فرنگی

lavabo (m)	sink	سینک
savon (m)	sābun	صابون
porte-savon (m)	jā sābun	جا صابون
éponge (f)	abr	ابر
shampooing (m)	šāmpu	شامپو
serviette (f)	howle	حوله
peignoir (m) de bain	howle-ye hamām	حوله حمام
lessive (f) (faire la ~)	raxčuyi	لباسشویی
machine (f) à laver	māšin-e lebas-šui	ماشین لباسشویی
faire la lessive	šostan-e lebās	شستن لباس
lessive (f) (poudre)	pudr-e lebas-šui	پودر لباسشویی

73. Les appareils électroménagers

téléviseur (m)	televiziyon	تلویزیون
magnétophone (m)	zabt-e sowt	ضبط صوت
magnétoscope (m)	video	ویدئو
radio (f)	rādiyo	رادیو
lecteur (m)	paxš konande	پخش کننده
vidéoprojecteur (m)	video porožektor	ویدئو پروژکتور
home cinéma (m)	sinamā-ye xānegi	سینمای خانگی
lecteur DVD (m)	paxš konande-ye di vi di	پخش کننده دی وی دی
amplificateur (m)	āmpli-fāyer	آمپلی فایر
console (f) de jeux	konsul-e bāzi	کنسول بازی
caméscope (m)	durbin-e filmbardāri	دوربین فیلمبرداری
appareil (m) photo	durbin-e akkāsi	دوربین عکاسی
appareil (m) photo numérique	durbin-e dijitāl	دوربین دیجیتال
aspirateur (m)	jāru barqi	جارو برقی
fer (m) à repasser	oto	اتو
planche (f) à repasser	miz-e otu	میز اتو
téléphone (m)	telefon	تلفن
portable (m)	telefon-e hamrāh	تلفن همراه
machine (f) à écrire	māšin-e tahrir	ماشین تحریر
machine (f) à coudre	čarx-e xayyāti	چرخ خیاطی
micro (m)	mikrofon	میکروفون
écouteurs (m pl)	guši	گوشی
télécommande (f)	kontorol az rāh-e dur	کنترل از راه دور
CD (m)	si-di	سیدی
cassette (f)	kāst	کاست
disque (m) (vinyle)	safhe-ye gerāmāfon	صفحه گرامافون

LA TERRE. LE TEMPS

74. L'espace cosmique

cosmos (m)	fazā	فضا
cosmique (adj)	fazāyi	فضایی
espace (m) cosmique	fazā-ye keyhān	فضای کیهان
monde (m)	jahān	جهان
univers (m)	giti	گیتی
galaxie (f)	kahkešān	کهکشان
étoile (f)	setāre	ستاره
constellation (f)	surat-e falaki	صورت فلکی
planète (f)	sayyāre	سیاره
satellite (m)	māhvāre	ماهواره
météorite (m)	sang-e āsmāni	سنگ آسمانی
comète (f)	setāre-ye donbāle dār	ستارهٔ دنباله دار
astéroïde (m)	šahāb	شهاب
orbite (f)	madār	مدار
tourner (vi)	gardidan	گردیدن
atmosphère (f)	jav	جو
Soleil (m)	āftāb	آفتاب
système (m) solaire	manzume-ye šamsi	منظومه شمسی
éclipse (f) de soleil	kosuf	کسوف
Terre (f)	zamin	زمین
Lune (f)	māh	ماه
Mars (m)	merrix	مریخ
Vénus (f)	zahre	زهره
Jupiter (m)	moštari	مشتری
Saturne (m)	zohal	زحل
Mercure (m)	atārod	عطارد
Uranus (m)	orānus	اورانوس
Neptune	nepton	نپتون
Pluton (m)	poloton	پلوتون
la Voie Lactée	kahkešān rāh-e širi	کهکشان راه شیری
la Grande Ours	dobb-e akbar	دب اکبر
la Polaire	setāre-ye qotbi	ستاره قطبی
martien (m)	merrixi	مریخی
extraterrestre (m)	farā zamini	فرا زمینی
alien (m)	mowjud fazāyi	موجود فضایی

soucoupe (f) volante	bošqāb-e parande	بشقاب پرنده
vaisseau (m) spatial	fazā peymā	فضا پیما
station (f) orbitale	istgāh-e fazāyi	ایستگاه فضایی
lancement (m)	rāh andāzi	راه اندازی
moteur (m)	motor	موتور
tuyère (f)	nāzel	نازل
carburant (m)	suxt	سوخت
cabine (f)	kābin	کابین
antenne (f)	ānten	آنتن
hublot (m)	panjere	پنجره
batterie (f) solaire	bātri-ye xoršidi	باطری خورشیدی
scaphandre (m)	lebās-e fazānavardi	لباس فضانوردی
apesanteur (f)	bi vazni	بی وزنی
oxygène (m)	oksižen	اکسیژن
arrimage (m)	vasl	وصل
s'arrimer à ...	vasl kardan	وصل کردن
observatoire (m)	rasadxāne	رصدخانه
télescope (m)	teleskop	تلسکوپ
observer (vt)	mošāhede kardan	مشاهده کردن
explorer (un cosmos)	kašf kardan	کشف کردن

75. La Terre

Terre (f)	zamin	زمین
globe (m) terrestre	kare-ye zamin	کرۀ زمین
planète (f)	sayyāre	سیاره
atmosphère (f)	jav	جو
géographie (f)	joqrāfiyā	جغرافیا
nature (f)	tabi'at	طبیعت
globe (m) de table	kare-ye joqrāfiyāyi	کرۀ جغرافیایی
carte (f)	naqše	نقشه
atlas (m)	atlas	اطلس
Europe (f)	orupā	اروپا
Asie (f)	āsiyā	آسیا
Afrique (f)	āfriqā	آفریقا
Australie (f)	ostorāliyā	استرالیا
Amérique (f)	emrikā	امریکا
Amérique (f) du Nord	emrikā-ye šomāli	امریکای شمالی
Amérique (f) du Sud	emrikā-ye jonubi	امریکای جنوبی
l'Antarctique (m)	qotb-e jonub	قطب جنوب
l'Arctique (m)	qotb-e šomāl	قطب شمال

76. Les quatre parties du monde

nord (m)	šomāl	شمال
vers le nord	be šomāl	به شمال
au nord	dar šomāl	در شمال
du nord (adj)	šomāli	شمالی
sud (m)	jonub	جنوب
vers le sud	be jonub	به جنوب
au sud	dar jonub	در جنوب
du sud (adj)	jonubi	جنوبی
ouest (m)	qarb	غرب
vers l'occident	be qarb	به غرب
à l'occident	dar qarb	در غرب
occidental (adj)	qarbi	غربی
est (m)	šarq	شرق
vers l'orient	be šarq	به شرق
à l'orient	dar šarq	در شرق
oriental (adj)	šarqi	شرقی

77. Les océans et les mers

mer (f)	daryā	دریا
océan (m)	oqyānus	اقیانوس
golfe (m)	xalij	خلیج
détroit (m)	tange	تنگه
terre (f) ferme	zamin	زمین
continent (m)	qāre	قاره
île (f)	jazire	جزیره
presqu'île (f)	šeb-e jazire	شبه جزیره
archipel (m)	majma'-ol-jazāyer	مجمع‌الجزایر
baie (f)	xalij-e kučak	خلیج کوچک
port (m)	langargāh	لنگرگاه
lagune (f)	mordāb	مرداب
cap (m)	damāqe	دماغه
atoll (m)	jazire-ye marjāni	جزیره مرجانی
récif (m)	tappe-ye daryāyi	تپه دریایی
corail (m)	marjān	مرجان
récif (m) de corail	tappe-ye marjāni	تپه مرجانی
profond (adj)	amiq	عمیق
profondeur (f)	omq	عمق
abîme (m)	partgāh	پرتگاه
fosse (f) océanique	derāz godāl	درازگودال
courant (m)	jaryān	جریان
baigner (vt) (mer)	ehāte kardan	احاطه کردن

| littoral (m) | sāhel | ساحل |
| côte (f) | sāhel | ساحل |

marée (f) haute	mod	مد
marée (f) basse	jazr	جزر
banc (m) de sable	sāhel-e šeni	ساحل شنی
fond (m)	qa'r	قعر

vague (f)	mowj	موج
crête (f) de la vague	nok	نوک
mousse (f)	kaf	کف

tempête (f) en mer	tufān-e daryāyi	طوفان دریایی
ouragan (m)	tufān	طوفان
tsunami (m)	sonāmi	سونامی
calme (m)	sokun-e daryā	سکون دریا
calme (tranquille)	ārām	آرام

| pôle (m) | qotb | قطب |
| polaire (adj) | qotbi | قطبی |

latitude (f)	arz-e joqrāfiyāyi	عرض جغرافیایی
longitude (f)	tul-e joqrāfiyāyi	طول جغرافیایی
parallèle (f)	movāzi	موازی
équateur (m)	xatt-e ostavā	خط استوا

ciel (m)	āsemān	آسمان
horizon (m)	ofoq	افق
air (m)	havā	هوا

phare (m)	fānus-e daryāyi	فانوس دریایی
plonger (vi)	širje raftan	شیرجه رفتن
sombrer (vi)	qarq šodan	غرق شدن
trésor (m)	ganj	گنج

78. Les noms des mers et des océans

océan (m) Atlantique	oqyānus-e atlas	اقیانوس اطلس
océan (m) Indien	oqyānus-e hend	اقیانوس هند
océan (m) Pacifique	oqyānus-e ārām	اقیانوس آرام
océan (m) Glacial	oqyānus-e monjamed-e šomāli	اقیانوس منجمد شمالی

mer (f) Noire	daryā-ye siyāh	دریای سیاه
mer (f) Rouge	daryā-ye sorx	دریای سرخ
mer (f) Jaune	daryā-ye zard	دریای زرد
mer (f) Blanche	daryā-ye sefid	دریای سفید

mer (f) Caspienne	daryā-ye xazar	دریای خزر
mer (f) Morte	daryā-ye morde	دریای مرده
mer (f) Méditerranée	daryā-ye meditarāne	دریای مدیترانه

| mer (f) Égée | daryā-ye eže | دریای اژه |
| mer (f) Adriatique | daryā-ye ādriyātik | دریای آدریاتیک |

mer (f) Arabique	daryā-ye arab	دریای عرب
mer (f) du Japon	daryā-ye žāpon	دریای ژاپن
mer (f) de Béring	daryā-ye brinq	دریای برینگ
mer (f) de Chine Méridionale	daryā-ye čin-e jonubi	دریای چین جنوبی
mer (f) de Corail	daryā-ye marjān	دریای مرجان
mer (f) de Tasman	daryā-ye tās-emān	دریای تاسمان
mer (f) Caraïbe	daryā-ye kārāib	دریای کارائیب
mer (f) de Barents	daryā-ye barntz	دریای بارنتز
mer (f) de Kara	daryā-ye kārā	دریای کارا
mer (f) du Nord	daryā-ye šomāl	دریای شمال
mer (f) Baltique	daryā-ye bāltik	دریای بالتیک
mer (f) de Norvège	daryā-ye norvež	دریای نروژ

79. Les montagnes

montagne (f)	kuh	کوه
chaîne (f) de montagnes	rešte-ye kuh	رشته کوه
crête (f)	selsele-ye jebāl	سلسله جبال
sommet (m)	qolle	قله
pic (m)	qolle	قله
pied (m)	dāmane-ye kuh	دامنهٔ کوه
pente (f)	šib	شیب
volcan (m)	ātaš-fešān	آتشفشان
volcan (m) actif	ātaš-fešān-e fa'āl	آتش فشان فعال
volcan (m) éteint	ātaš-fešān-e xāmuš	آتش فشان خاموش
éruption (f)	favarān	فوران
cratère (m)	dahāne-ye ātašfešān	دهانهٔ آتش فشان
magma (m)	māgmā	ماگما
lave (f)	godāze	گدازه
en fusion (lave ~)	godāxte	گداخته
canyon (m)	tange	تنگه
défilé (m) (gorge)	darre-ye tang	دره تنگ
crevasse (f)	tange	تنگه
précipice (m)	partgāh	پرتگاه
col (m) de montagne	gozargāh	گذرگاه
plateau (m)	falāt	فلات
rocher (m)	saxre	صخره
colline (f)	tappe	تپه
glacier (m)	yaxčāl	یخچال
chute (f) d'eau	ābšār	آبشار
geyser (m)	češme-ye āb-e garm	چشمهٔ آب گرم
lac (m)	daryāče	دریاچه
plaine (f)	jolge	جلگه
paysage (m)	manzare	منظره

écho (m)	en'ekās-e sowt	انعکاس صوت
alpiniste (m)	kuhnavard	کوهنورد
varappeur (m)	saxre-ye navard	صخره نورد
conquérir (vt)	fath kardan	فتح کردن
ascension (f)	so'ud	صعود

80. Les noms des chaînes de montagne

Alpes (f pl)	ālp	آلپ
Mont Blanc (m)	moan belān	مون بلان
Pyrénées (f pl)	pirene	پیرنه
Carpates (f pl)	kuhhā-ye kārpāt	کوههای کارپات
Monts Oural (m pl)	kuhe-i orāl	کوههای اورال
Caucase (m)	qafqāz	قفقاز
Elbrous (m)	alborz	البرز
Altaï (m)	āltāy	آلتای
Tian Chan (m)	tiyān šān	تیان شان
Pamir (m)	pāmir	پامیر
Himalaya (m)	himāliyā-vo	هیمالیا
Everest (m)	everest	اورست
Andes (f pl)	ānd	آند
Kilimandjaro (m)	kelimānjāro	کلیمانجارو

81. Les fleuves

rivière (f), fleuve (m)	rudxāne	رودخانه
source (f)	češme	چشمه
lit (m) (d'une rivière)	bastar	بستر
bassin (m)	howze	حوضه
se jeter dans …	rixtan	ریختن
affluent (m)	enše'āb	انشعاب
rive (f)	sāhel	ساحل
courant (m)	jaryān	جریان
en aval	be samt-e pāin-e rudxāne	به سمت پائین رودخانه
en amont	be samt-e bālā-ye rudxāne	به سمت بالای رودخانه
inondation (f)	seyl	سیل
les grandes crues	toqyān	طغیان
déborder (vt)	toqyān kardan	طغیان کردن
inonder (vt)	toqyān kardan	طغیان کردن
bas-fond (m)	tangāb	تنگاب
rapide (m)	tondāb	تندآب
barrage (m)	sad	سد
canal (m)	kānāl	کانال
lac (m) de barrage	maxzan-e āb	مخزن آب

écluse (f)	ābgir	آبگیر
plan (m) d'eau	maxzan-e āb	مخزن آب
marais (m)	bātlāq	باتلاق
fondrière (f)	lajan zār	لجن زار
tourbillon (m)	gerdāb	گرداب
ruisseau (m)	ravad	رود
potable (adj)	āšāmidani	آشامیدنی
douce (l'eau ~)	širin	شیرین
glace (f)	yax	یخ
être gelé	yax bastan	یخ بستن

82. Les noms des fleuves

Seine (f)	sen	سن
Loire (f)	lavār	لوآر
Tamise (f)	timz	تیمز
Rhin (m)	rāyn	راین
Danube (m)	dānub	دانوب
Volga (f)	volgā	ولگا
Don (m)	don	دن
Lena (f)	lenā	لنا
Huang He (m)	rud-e zard	رود زرد
Yangzi Jiang (m)	yāng tese	یانگ تسه
Mékong (m)	mekung	مکونگ
Gange (m)	gong	گنگ
Nil (m)	neyl	نیل
Congo (m)	kongo	کنگو
Okavango (m)	okavango	اوکاوانگو
Zambèze (m)	zāmbezi	زامبزی
Limpopo (m)	rud-e limpupu	رود لیمپوپو
Mississippi (m)	mi si si pi	می سی سی پی

83. La forêt

forêt (f)	jangal	جنگل
forestier (adj)	jangali	جنگلی
fourré (m)	jangal-e anbuh	جنگل انبوه
bosquet (m)	biše	بیشه
clairière (f)	marqzār	مرغزار
broussailles (f pl)	biše-hā	بیشه ها
taillis (m)	bute zār	بوته زار
sentier (m)	kure-ye rāh	کوره راه
ravin (m)	darre	دره

arbre (m)	deraxt	درخت
feuille (f)	barg	برگ
feuillage (m)	šāx-o barg	شاخ و برگ

chute (f) de feuilles	barg rizi	برگ ریزی
tomber (feuilles)	rixtan	ریختن
sommet (m)	nok	نوک

rameau (m)	šāxe	شاخه
branche (f)	šāxe	شاخه
bourgeon (m)	šokufe	شکوفه
aiguille (f)	suzan	سوزن
pomme (f) de pin	maxrut-e kāj	مخروط کاج

creux (m)	surāx	سوراخ
nid (m)	lāne	لانه
terrier (m) (~ d'un renard)	lāne	لانه

tronc (m)	tane	تنه
racine (f)	riše	ریشه
écorce (f)	pust	پوست
mousse (f)	xaze	خزه

déraciner (vt)	rišekan kardan	ریشه کن کردن
abattre (un arbre)	boridan	بریدن
déboiser (vt)	boridan	بریدن
souche (f)	kande-ye deraxt	کنده درخت

feu (m) de bois	ātaš	آتش
incendie (m)	ātaš suzi	آتش سوزی
éteindre (feu)	xāmuš kardan	خاموش کردن

garde (m) forestier	jangal bān	جنگل بان
protection (f)	mohāfezat	محافظت
protéger (vt)	mohāfezat kardan	محافظت کردن
braconnier (m)	šekārči-ye qeyr-e qānuni	شکارچی غیر قانونی
piège (m) à mâchoires	tale	تله

| cueillir (vt) | čidan | چیدن |
| s'égarer (vp) | gom šodan | گم شدن |

84. Les ressources naturelles

ressources (f pl) naturelles	manābe-'e tabii	منابع طبیعی
minéraux (m pl)	mavādd-e ma'dani	مواد معدنی
gisement (m)	tah nešast	ته نشست
champ (m) (~ pétrolifère)	meydān	میدان

extraire (vt)	estexrāj kardan	استخراج کردن
extraction (f)	estexrāj	استخراج
minerai (m)	sang-e ma'dani	سنگ معدنی
mine (f) (site)	ma'dan	معدن
puits (m) de mine	ma'dan	معدن
mineur (m)	ma'danči	معدنچی

gaz (m)	gāz	گاز
gazoduc (m)	lule-ye gāz	لولۀ گاز
pétrole (m)	naft	نفت
pipeline (m)	lule-ye naft	لولۀ نفت
tour (f) de forage	čāh-e naft	چاه نفت
derrick (m)	dakal-e haffāri	دکل حفاری
pétrolier (m)	tānker	تانکر
sable (m)	šen	شن
calcaire (m)	sang-e āhak	سنگ آهک
gravier (m)	sangrize	سنگریزه
tourbe (f)	turb	تورب
argile (f)	xāk-e ros	خاک رس
charbon (m)	zoqāl sang	زغال سنگ
fer (m)	āhan	آهن
or (m)	talā	طلا
argent (m)	noqre	نقره
nickel (m)	nikel	نیکل
cuivre (m)	mes	مس
zinc (m)	ruy	روی
manganèse (m)	mangenez	منگنز
mercure (m)	jive	جیوه
plomb (m)	sorb	سرب
minéral (m)	mādde-ye ma'dani	مادۀ معدنی
cristal (m)	bolur	بلور
marbre (m)	marmar	مرمر
uranium (m)	orāniyom	اورانیوم

85. Le temps

temps (m)	havā	هوا
météo (f)	piš bini havā	پیش بینی هوا
température (f)	damā	دما
thermomètre (m)	damāsanj	دماسنج
baromètre (m)	havāsanj	هواسنج
humide (adj)	martub	مرطوب
humidité (f)	rotubat	رطوبت
chaleur (f) (canicule)	garmā	گرما
torride (adj)	dāq	داغ
il fait très chaud	havā xeyli garm ast	هوا خیلی گرم است
il fait chaud	havā garm ast	هوا گرم است
chaud (modérément)	garm	گرم
il fait froid	sard ast	سرد است
froid (adj)	sard	سرد
soleil (m)	āftāb	آفتاب
briller (soleil)	tābidan	تابیدن

ensoleillé (jour ~)	āftābi	آفتابی
se lever (vp)	tolu' kardan	طلوع کردن
se coucher (vp)	qorob kardan	غروب کردن
nuage (m)	abr	ابر
nuageux (adj)	abri	ابری
nuée (f)	abr-e bārānzā	ابر باران زا
sombre (adj)	tire	تیره
pluie (f)	bārān	باران
il pleut	bārān mibārad	باران می بارد
pluvieux (adj)	bārāni	بارانی
bruiner (v imp)	nam-nam bāridan	نم نم باریدن
pluie (f) torrentielle	bārān šodid	باران شدید
averse (f)	ragbār	رگبار
forte (la pluie ~)	šadid	شدید
flaque (f)	čāle	چاله
se faire mouiller	xis šodan	خیس شدن
brouillard (m)	meh	مه
brumeux (adj)	meh ālud	مه آلود
neige (f)	barf	برف
il neige	barf mibārad	برف می بارد

86. Les intempéries. Les catastrophes naturelles

orage (m)	tufān	طوفان
éclair (m)	barq	برق
éclater (foudre)	barq zadan	برق زدن
tonnerre (m)	ra'd	رعد
gronder (tonnerre)	qorridan	غریدن
le tonnerre gronde	ra'd mizanad	رعد می زند
grêle (f)	tagarg	تگرگ
il grêle	tagarg mibārad	تگرگ می بارد
inonder (vt)	toqyān kardan	طغیان کردن
inondation (f)	seyl	سیل
tremblement (m) de terre	zamin-larze	زمین لرزه
secousse (f)	tekān	تکان
épicentre (m)	kānun-e zaminlarze	کانون زمین لرزه
éruption (f)	favarān	فوران
lave (f)	godāze	گدازه
tourbillon (m), tornade (f)	gerdbād	گردباد
typhon (m)	tufān	طوفان
ouragan (m)	tufān	طوفان
tempête (f)	tufān	طوفان
tsunami (m)	sonāmi	سونامی

cyclone (m)	gerdbād	گردباد
intempéries (f pl)	havā-ye bad	هوای بد
incendie (m)	ātaš suzi	آتش سوزی
catastrophe (f)	balā-ye tabi'i	بلای طبیعی
météorite (m)	sang-e āsmāni	سنگ آسمانی
avalanche (f)	bahman	بهمن
éboulement (m)	bahman	بهمن
blizzard (m)	kulāk	کولاک
tempête (f) de neige	barf-o burān	برف و بوران

LA FAUNE

87. Les mammifères. Les prédateurs

prédateur (m)	heyvān-e darande	حیوان درنده
tigre (m)	bebar	ببر
lion (m)	šir	شیر
loup (m)	gorg	گرگ
renard (m)	rubāh	روباه
jaguar (m)	jagvār	جگوار
léopard (m)	palang	پلنگ
guépard (m)	yuzpalang	یوزپلنگ
panthère (f)	palang-e siyāh	پلنگ سیاه
puma (m)	yuzpalang	یوزپلنگ
léopard (m) de neiges	palang-e barfi	پلنگ برفی
lynx (m)	siyāh guš	سیاه گوش
coyote (m)	gorg-e sahrāyi	گرگ صحرایی
chacal (m)	šoqāl	شغال
hyène (f)	kaftār	کفتار

88. Les animaux sauvages

animal (m)	heyvān	حیوان
bête (f)	heyvān	حیوان
écureuil (m)	sanjāb	سنجاب
hérisson (m)	xārpošt	خارپشت
lièvre (m)	xarguš	خرگوش
lapin (m)	xarguš	خرگوش
blaireau (m)	gurkan	گورکن
raton (m)	rākon	راکون
hamster (m)	muš-e bozorg	موش بزرگ
marmotte (f)	muš-e xormā-ye kuhi	موش خرمای کوهی
taupe (f)	muš-e kur	موش کور
souris (f)	muš	موش
rat (m)	muš-e sahrāyi	موش صحرایی
chauve-souris (f)	xoffāš	خفاش
hermine (f)	qāqom	قاقم
zibeline (f)	samur	سمور
martre (f)	samur	سمور
belette (f)	rāsu	راسو
vison (m)	tire-ye rāsu	تیره راسو

castor (m)	sag-e ābi	سگ آبی
loutre (f)	samur ābi	سمور آبی
cheval (m)	asb	اسب
élan (m)	gavazn	گوزن
cerf (m)	āhu	آهو
chameau (m)	šotor	شتر
bison (m)	gāvmiš	گاومیش
aurochs (m)	gāv miš	گاو میش
buffle (m)	bufālo	بوفالو
zèbre (m)	gurexar	گورخر
antilope (f)	boz-e kuhi	بز کوهی
chevreuil (m)	šukā	شوکا
biche (f)	qazāl	غزال
chamois (m)	boz-e kuhi	بز کوهی
sanglier (m)	gorāz	گراز
baleine (f)	nahang	نهنگ
phoque (m)	fak	فک
morse (m)	širmāhi	شیرماهی
ours (m) de mer	gorbe-ye ābi	گربۀ آبی
dauphin (m)	delfin	دلفین
ours (m)	xers	خرس
ours (m) blanc	xers-e sefid	خرس سفید
panda (m)	pāndā	پاندا
singe (m)	meymun	میمون
chimpanzé (m)	šampānze	شمپانزه
orang-outang (m)	orāngutān	اورانگوتان
gorille (m)	guril	گوریل
macaque (m)	mākāk	ماکاک
gibbon (m)	gibon	گیبون
éléphant (m)	fil	فیل
rhinocéros (m)	kargadan	کرگدن
girafe (f)	zarrāfe	زرافه
hippopotame (m)	asb-e ābi	اسب آبی
kangourou (m)	kāngoro	کانگورو
koala (m)	kovālā	کوالا
mangouste (f)	xadang	خدنگ
chinchilla (m)	čin čila	چین چیلا
mouffette (f)	rāsu-ye badbu	راسوی بدبو
porc-épic (m)	taši	تشی

89. Les animaux domestiques

chat (m) (femelle)	gorbe	گربه
chat (m) (mâle)	gorbe-ye nar	گربۀ نر
chien (m)	sag	سگ

cheval (m)	asb	اسب
étalon (m)	asb-e nar	اسب نر
jument (f)	mādiyān	مادیان
vache (f)	gāv	گاو
taureau (m)	gāv-e nar	گاو نر
bœuf (m)	gāv-e axte	گاو اخته
brebis (f)	gusfand	گوسفند
mouton (m)	gusfand-e nar	گوسفند نر
chèvre (f)	boz-e mādde	بز ماده
bouc (m)	boz-e nar	بز نر
âne (m)	xar	خر
mulet (m)	qāter	قاطر
cochon (m)	xuk	خوک
pourceau (m)	bače-ye xuk	بچۀ خوک
lapin (m)	xarguš	خرگوش
poule (f)	morq	مرغ
coq (m)	xorus	خروس
canard (m)	ordak	اردک
canard (m) mâle	ordak-e nar	اردک نر
oie (f)	qāz	غاز
dindon (m)	buqalamun-e nar	بوقلمون نر
dinde (f)	buqalamun-e māde	بوقلمون ماده
animaux (m pl) domestiques	heyvānāt-e ahli	حیوانات اهلی
apprivoisé (adj)	ahli	اهلی
apprivoiser (vt)	rām kardan	رام کردن
élever (vt)	parvareš dādan	پرورش دادن
ferme (f)	mazrae	مزرعه
volaille (f)	morq-e xānegi	مرغ خانگی
bétail (m)	dām	دام
troupeau (m)	galle	گله
écurie (f)	establ	اصطبل
porcherie (f)	āqol xuk	آغل خوک
vacherie (f)	āqol gāv	آغل گاو
cabane (f) à lapins	lanye xarguš	لانه خرگوش
poulailler (m)	morq dāni	مرغ دانی

90. Les oiseaux

oiseau (m)	parande	پرنده
pigeon (m)	kabutar	کبوتر
moineau (m)	gonješk	گنجشک
mésange (f)	morq-e zanburxār	مرغ زنبورخوار
pie (f)	zāqi	زاغی
corbeau (m)	kalāq-e siyāh	کلاغ سیاه

corneille (f)	kalāq	کلاغ
choucas (m)	zāq	زاغ
freux (m)	kalāq-e siyāh	کلاغ سیاه
canard (m)	ordak	اردک
oie (f)	qāz	غاز
faisan (m)	qarqāvol	قرقاول
aigle (m)	oqāb	عقاب
épervier (m)	qerqi	قرقی
faucon (m)	šāhin	شاهین
vautour (m)	karkas	کرکس
condor (m)	karkas-e emrikāyi	کرکس امریکایی
cygne (m)	qu	قو
grue (f)	dornā	درنا
cigogne (f)	lak lak	لک لک
perroquet (m)	tuti	طوطی
colibri (m)	morq-e magas-e xār	مرغ مگس خوار
paon (m)	tāvus	طاووس
autruche (f)	šotormorq	شترمرغ
héron (m)	havāsil	حواصیل
flamant (m)	felāmingo	فلامینگو
pélican (m)	pelikān	پلیکان
rossignol (m)	bolbol	بلبل
hirondelle (f)	parastu	پرستو
merle (m)	bāstarak	باسترک
grive (f)	torqe	طرقه
merle (m) noir	tukā-ye siyāh	توکای سیاه
martinet (m)	bādxorak	بادخورک
alouette (f) des champs	čakāvak	چکاوک
caille (f)	belderčin	بلدرچین
pivert (m)	dārkub	دارکوب
coucou (m)	fāxte	فاخته
chouette (f)	joqd	جغد
hibou (m)	šāh buf	شاه بوف
tétras (m)	siāh xorus	سیاه خروس
tétras-lyre (m)	siāh xorus-e jangali	سیاه خروس جنگلی
perdrix (f)	kabk	کبک
étourneau (m)	sār	سار
canari (m)	qanāri	قناری
gélinotte (f) des bois	siyāh xorus-e fandoqi	سیاه خروس فندقی
pinson (m)	sehre-ye jangali	سهره جنگلی
bouvreuil (m)	sohre sar-e siyāh	سهره سر سیاه
mouette (f)	morq-e daryāyi	مرغ دریایی
albatros (m)	morq-e daryāyi	مرغ دریایی
pingouin (m)	pangoan	پنگوئن

91. Les poissons. Les animaux marins

brème (f)	māhi-ye sim	ماهی سیم
carpe (f)	kapur	کپور
perche (f)	māhi-e luti	ماهی لوتی
silure (m)	gorbe-ye māhi	گربه ماهی
brochet (m)	ordak māhi	اردک ماهی
saumon (m)	māhi-ye salemon	ماهی سالمون
esturgeon (m)	māhi-ye xāviār	ماهی خاویار
hareng (m)	māhi-ye šur	ماهی شور
saumon (m) atlantique	sālmon-e atlāntik	سالمون اتلانتیک
maquereau (m)	māhi-ye esqumeri	ماهی اسقومری
flet (m)	sofre māhi	سفره ماهی
sandre (f)	suf	سوف
morue (f)	māhi-ye rowqan	ماهی روغن
thon (m)	tan māhi	تن ماهی
truite (f)	māhi-ye qezelālā	ماهی قزل آلا
anguille (f)	mārmāhi	مارماهی
torpille (f)	partomahiye barqi	پرتوماهیه برقی
murène (f)	mārmāhi	مارماهی
piranha (m)	pirānā	پیرانا
requin (m)	kuse-ye māhi	کوسه ماهی
dauphin (m)	delfin	دلفین
baleine (f)	nahang	نهنگ
crabe (m)	xarčang	خرچنگ
méduse (f)	arus-e daryāyi	عروس دریایی
pieuvre (f), poulpe (m)	hašt pā	هشت پا
étoile (f) de mer	setāre-ye daryāyi	ستاره دریایی
oursin (m)	xārpošt-e daryāyi	خارپشت دریایی
hippocampe (m)	asb-e daryāyi	اسب دریایی
huître (f)	sadaf-e xorāki	صدف خوراکی
crevette (f)	meygu	میگو
homard (m)	xarčang-e daryāyi	خرچنگ دریایی
langoustine (f)	xarčang-e xārdār	خرچنگ خاردار

92. Les amphibiens. Les reptiles

serpent (m)	mār	مار
venimeux (adj)	sammi	سمی
vipère (f)	af'i	افعی
cobra (m)	kobrā	کبرا
python (m)	mār-e pinton	مار پیتون
boa (m)	mār-e bwa	مار بوا
couleuvre (f)	mār-e čaman	مار چمن

| serpent (m) à sonnettes | mār-e zangi | مار زنگی |
| anaconda (m) | mār-e ānākondā | مار آناکوندا |

lézard (m)	susmār	سوسمار
iguane (m)	susmār-e deraxti	سوسمار درختی
varan (m)	bozmajje	بزمجه
salamandre (f)	samandar	سمندر
caméléon (m)	āftāb-parast	آفتاب پرست
scorpion (m)	aqrab	عقرب

tortue (f)	lāk pošt	لاک پشت
grenouille (f)	qurbāqe	قورباغه
crapaud (m)	vazaq	وزغ
crocodile (m)	temsāh	تمساح

93. Les insectes

insecte (m)	hašare	حشره
papillon (m)	parvāne	پروانه
fourmi (f)	murče	مورچه
mouche (f)	magas	مگس
moustique (m)	paše	پشه
scarabée (m)	susk	سوسک

guêpe (f)	zanbur	زنبور
abeille (f)	zanbur-e asal	زنبور عسل
bourdon (m)	xar zanbur	خرزنبور
œstre (m)	xarmagas	خرمگس

| araignée (f) | ankabut | عنکبوت |
| toile (f) d'araignée | tār-e ankabut | تار عنکبوت |

libellule (f)	sanjāqak	سنجاقک
sauterelle (f)	malax	ملخ
papillon (m)	bid	بید

cafard (m)	susk	سوسک
tique (f)	kane	کنه
puce (f)	kak	کک
moucheron (m)	paše-ye rize	پشه ریزه

criquet (m)	malax	ملخ
escargot (m)	halazun	حلزون
grillon (m)	jirjirak	جیرجیرک
luciole (f)	kerm-e šab-tāb	کرم شب تاب
coccinelle (f)	kafšduzak	کفشدوزک
hanneton (m)	susk bāldār	سوسک بالدار

sangsue (f)	zālu	زالو
chenille (f)	kerm-e abrišam	کرم ابریشم
ver (m)	kerm	کرم
larve (f)	lārv	لارو

LA FLORE

94. Les arbres

arbre (m)	deraxt	درخت
à feuilles caduques	barg riz	برگ ریز
conifère (adj)	maxrutiyān	مخروطیان
à feuilles persistantes	hamiše sabz	همیشه سبز
pommier (m)	deraxt-e sib	درخت سیب
poirier (m)	golābi	گلابی
merisier (m)	gilās	گیلاس
cerisier (m)	ālbālu	آلبالو
prunier (m)	ālu	آلو
bouleau (m)	tus	توس
chêne (m)	balut	بلوط
tilleul (m)	zirfun	زیرفون
tremble (m)	senowbar-e larzān	صنوبر لرزان
érable (m)	afrā	افرا
épicéa (m)	senowbar	صنوبر
pin (m)	kāj	کاج
mélèze (m)	senowbar-e ārāste	صنوبر آراسته
sapin (m)	šāh deraxt	شاه درخت
cèdre (m)	sedr	سدر
peuplier (m)	sepidār	سپیدار
sorbier (m)	zabān gonješk-e kuhi	زبان گنجشک کوهی
saule (m)	bid	بید
aune (m)	tuskā	توسکا
hêtre (m)	rāš	راش
orme (m)	nārvan-e qermez	نارون قرمز
frêne (m)	zabān-e gonješk	زبان گنجشک
marronnier (m)	šāh balut	شاه بلوط
magnolia (m)	māgnoliyā	ماگنولیا
palmier (m)	naxl	نخل
cyprès (m)	sarv	سرو
palétuvier (m)	karnā	کرنا
baobab (m)	bāobāb	بائوباب
eucalyptus (m)	okaliptus	اوکالیپتوس
séquoia (m)	sorx-e čub	سرخ چوب

95. Les arbustes

buisson (m)	bute	بوته
arbrisseau (m)	bute zār	بوته زار

vigne (f)	angur	انگور
vigne (f) (vignoble)	tākestān	تاکستان
framboise (f)	tamešk	تمشک
cassis (m)	angur-e farangi-ye siyāh	انگور فرنگی سیاه
groseille (f) rouge	angur-e farangi-ye sorx	انگور فرنگی سرخ
groseille (f) verte	angur-e farangi	انگور فرنگی
acacia (m)	aqāqiyā	اقاقیا
berbéris (m)	zerešk	زرشک
jasmin (m)	yāsaman	یاسمن
genévrier (m)	ardaj	اردج
rosier (m)	bute-ye gol-e mohammadi	بوتۀ گل محمدی
églantier (m)	nastaran	نسترن

96. Les fruits. Les baies

fruit (m)	mive	میوه
fruits (m pl)	mive jāt	میوه جات
pomme (f)	sib	سیب
poire (f)	golābi	گلابی
prune (f)	ālu	آلو
fraise (f)	tut-e farangi	توت فرنگی
cerise (f)	ālbālu	آلبالو
merise (f)	gilās	گیلاس
raisin (m)	angur	انگور
framboise (f)	tamešk	تمشک
cassis (m)	angur-e farangi-ye siyāh	انگور فرنگی سیاه
groseille (f) rouge	angur-e farangi-ye sorx	انگور فرنگی سرخ
groseille (f) verte	angur-e farangi	انگور فرنگی
canneberge (f)	nārdānak-e vahši	ناردانک وحشی
orange (f)	porteqāl	پرتقال
mandarine (f)	nārengi	نارنگی
ananas (m)	ānānās	آناناس
banane (f)	mowz	موز
datte (f)	xormā	خرما
citron (m)	limu	لیمو
abricot (m)	zardālu	زردآلو
pêche (f)	holu	هلو
kiwi (m)	kivi	کیوی
pamplemousse (m)	gerip forut	گریپ فوروت
baie (f)	mive-ye butei	میوۀ بوته ای
baies (f pl)	mivehā-ye butei	میوه های بوته ای
airelle (f) rouge	tut-e farangi-ye jangali	توت فرنگی جنگلی
fraise (f) des bois	zoqāl axte	زغال اخته
myrtille (f)	zoqāl axte	زغال اخته

97. Les fleurs. Les plantes

fleur (f)	gol	گل
bouquet (m)	daste-ye gol	دسته گل
rose (f)	gol-e sorx	گل سرخ
tulipe (f)	lāle	لاله
oeillet (m)	mixak	میخک
glaïeul (m)	susan-e sefid	سوسن سفید
bleuet (m)	gol-e gandom	گل گندم
campanule (f)	gol-e estekāni	گل استکانی
dent-de-lion (f)	gol-e qāsedak	گل قاصدک
marguerite (f)	bābune	بابونه
aloès (m)	oloviye	آلوئه
cactus (m)	kāktus	کاکتوس
ficus (m)	fikus	فیکوس
lis (m)	susan	سوسن
géranium (m)	gol-e šam'dāni	گل شمعدانی
jacinthe (f)	sonbol	سنبل
mimosa (m)	mimosā	میموسا
jonquille (f)	narges	نرگس
capucine (f)	gol-e lādan	گل لادن
orchidée (f)	orkide	ارکیده
pivoine (f)	gol-e ašrafi	گل اشرفی
violette (f)	banafše	بنفشه
pensée (f)	banafše-ye farangi	بنفشه فرنگی
myosotis (m)	gol-e farāmuš-am makon	گل فراموشم مکن
pâquerette (f)	gol-e morvārid	گل مروارید
coquelicot (m)	xašxāš	خشخاش
chanvre (m)	šāh dāne	شاه دانه
menthe (f)	na'nā'	نعناع
muguet (m)	muge	موگه
perce-neige (f)	gol-e barfi	گل برفی
ortie (f)	gazane	گزنه
oseille (f)	toršak	ترشک
nénuphar (m)	nilufar-e abi	نیلوفر آبی
fougère (f)	saraxs	سرخس
lichen (m)	golesang	گلسنگ
serre (f) tropicale	golxāne	گلخانه
gazon (m)	čaman	چمن
parterre (m) de fleurs	baqče-ye gol	باغچه گل
plante (f)	giyāh	گیاه
herbe (f)	alaf	علف
brin (m) d'herbe	alaf	علف

feuille (f)	barg	برگ
pétale (m)	golbarg	گلبرگ
tige (f)	sāqe	ساقه
tubercule (m)	riše	ریشه
pousse (f)	javāne	جوانه
épine (f)	xār	خار
fleurir (vi)	gol kardan	گل کردن
se faner (vp)	pažmorde šodan	پژمرده شدن
odeur (f)	bu	بو
couper (vt)	boridan	بریدن
cueillir (fleurs)	kandan	کندن

98. Les céréales

grains (m pl)	dāne	دانه
céréales (f pl) (plantes)	qallāt	غلات
épi (m)	xuše	خوشه
blé (m)	gandom	گندم
seigle (m)	čāvdār	چاودار
avoine (f)	jow-e sahrāyi	جو صحرایی
millet (m)	arzan	ارزن
orge (f)	jow	جو
maïs (m)	zorrat	ذرت
riz (m)	berenj	برنج
sarrasin (m)	gandom-e siyāh	گندم سیاه
pois (m)	noxod	نخود
haricot (m)	lubiyā qermez	لوبیا قرمز
soja (m)	sowyā	سویا
lentille (f)	adas	عدس
fèves (f pl)	lubiyā	لوبیا

LES PAYS DU MONDE

99. Les pays du monde. Partie 1

Afghanistan (m)	afqānestān	افغانستان
Albanie (f)	ālbāni	آلبانی
Allemagne (f)	ālmān	آلمان
Angleterre (f)	engelestān	انگلستان
Arabie (f) Saoudite	arabestān-e so'udi	عربستان سعودی
Argentine (f)	āržāntin	آرژانتین
Arménie (f)	armanestān	ارمنستان
Australie (f)	ostorāliyā	استرالیا
Autriche (f)	otriš	اتریش
Azerbaïdjan (m)	āzarbāyjān	آذربایجان
Bahamas (f pl)	bāhāmā	باهاما
Bangladesh (m)	bangelādeš	بنگلادش
Belgique (f)	belžik	بلژیک
Biélorussie (f)	belārus	بلاروس
Bolivie (f)	bulivi	بولیوی
Bosnie (f)	bosni-yo herzogovin	بوسنی وهرزگوین
Brésil (m)	berezil	برزیل
Bulgarie (f)	bolqārestān	بلغارستان
Cambodge (m)	kāmboj	کامبوج
Canada (m)	kānādā	کانادا
Chili (m)	šhili	شیلی
Chine (f)	čin	چین
Chypre (m)	qebres	قبرس
Colombie (f)	kolombiyā	کلمبیا
Corée (f) du Nord	kare-ye šomāli	کرهٔ شمالی
Corée (f) du Sud	kare-ye jonubi	کرهٔ جنوبی
Croatie (f)	korovāsi	کرواسی
Cuba (f)	kubā	کوبا
Danemark (m)	dānmārk	دانمارک
Écosse (f)	eskātland	اسکاتلند
Égypte (f)	mesr	مصر
Équateur (m)	ekvādor	اکوادور
Espagne (f)	espāniyā	اسپانیا
Estonie (f)	estoni	استونی
Les États Unis	eyālāt-e mottahede-ye emrikā	ایالات متحدهٔ امریکا
Fédération (f) des Émirats Arabes Unis	emārāt-e mottahede-ye arabi	امارات متحده عربی
Finlande (f)	fanlānd	فنلاند
France (f)	farānse	فرانسه
Géorgie (f)	gorjestān	گرجستان
Ghana (m)	qanā	غنا

| Grande-Bretagne (f) | beritāniyā-ye kabir | بریتانیای کبیر |
| Grèce (f) | yunān | یونان |

100. Les pays du monde. Partie 2

| Haïti (m) | hāiti | هائیتی |
| Hongrie (f) | majārestān | مجارستان |

Inde (f)	hendustān	هندوستان
Indonésie (f)	andonezi	اندونزی
Iran (m)	irān	ایران
Iraq (m)	arāq	عراق
Irlande (f)	irland	ایرلند
Islande (f)	island	ایسلند

| Israël (m) | esrāil | اسرائیل |
| Italie (f) | itāliyā | ایتالیا |

Jamaïque (f)	jāmāikā	جامائیکا
Japon (m)	žāpon	ژاپن
Jordanie (f)	ordon	اردن
Kazakhstan (m)	qazzāqestān	قزاقستان
Kenya (m)	keniyā	کنیا

| Kirghizistan (m) | qerqizestān | قرقیزستان |
| Koweït (m) | koveyt | کویت |

Laos (m)	lāus	لائوس
Lettonie (f)	letuni	لتونی
Liban (m)	lobnān	لبنان
Libye (f)	libi	لیبی
Liechtenstein (m)	lixteneštāyn	لیفتن‌اشتاین

| Lituanie (f) | litvāni | لیتوانی |
| Luxembourg (m) | lokzāmborg | لوکزامبورگ |

Macédoine (f)	jomhuri-ye maqduniye	جمهوری مقدونیه
Madagascar (f)	mādāgāskār	ماداگاسکار
Malaisie (f)	mālezi	مالزی
Malte (f)	mālt	مالت
Maroc (m)	marākeš	مراکش

| Mexique (m) | mekzik | مکزیک |
| Moldavie (f) | moldāvi | مولداوی |

Monaco (m)	monāko	موناکو
Mongolie (f)	moqolestān	مغولستان
Monténégro (m)	montenegro	مونته‌نگرو
Myanmar (m)	miyānmār	میانمار
Namibie (f)	nāmibiyā	نامیبیا
Népal (m)	nepāl	نپال
Norvège (f)	norvež	نروژ
Nouvelle Zélande (f)	niyuzland	نیوزلند
Ouzbékistan (m)	ozbakestān	ازبکستان

101. Les pays du monde. Partie 3

Pakistan (m)	pākestān	پاکستان
Palestine (f)	felestin	فلسطین
Panamá (m)	pānāmā	پاناما
Paraguay (m)	pārāgue	پاراگوئه
Pays-Bas (m)	holand	هلند
Pérou (m)	porov	پرو
Pologne (f)	lahestān	لهستان
Polynésie (f) Française	polinezi-ye farānse	پلینزی فرانسه
Portugal (m)	porteqāl	پرتغال
République (f) Dominicaine	jomhuri-ye dominikan	جمهوری دومینیکن
République (f) Sud-africaine	jomhuri-ye āfriqā-ye jonubi	جمهوری آفریقای جنوبی
République (f) Tchèque	jomhuri-ye ček	جمهوری چک
Roumanie (f)	romāni	رومانی
Russie (f)	rusiye	روسیه
Sénégal (m)	senegāl	سنگال
Serbie (f)	serbestān	صربستان
Slovaquie (f)	eslovāki	اسلواکی
Slovénie (f)	eslovoni	اسلوونی
Suède (f)	sued	سوئد
Suisse (f)	suis	سوئیس
Surinam (m)	surinām	سورینام
Syrie (f)	suriye	سوریه
Tadjikistan (m)	tājikestān	تاجیکستان
Taïwan (m)	tāyvān	تایوان
Tanzanie (f)	tānzāniyā	تانزانیا
Tasmanie (f)	tāsmāni	تاسمانی
Thaïlande (f)	tāyland	تایلند
Tunisie (f)	tunes	تونس
Turkménistan (m)	torkamanestān	ترکمنستان
Turquie (f)	torkiye	ترکیه
Ukraine (f)	okrāyn	اوکراین
Uruguay (m)	orogue	اوروگوئه
Vatican (m)	vātikān	واتیکان
Venezuela (f)	venezuelā	ونزوئلا
Vietnam (m)	viyetnām	ویتنام
Zanzibar (m)	zangbār	زنگبار